Changjiang Liuyu Tongchou Xietiao Celun

长江流域统筹协调策论

罗来军 赵秋运 王雨剑 张哲人 著

中国财经出版传媒集团
经济科学出版社
Economic Science Press

图书在版编目（CIP）数据

长江流域统筹协调策论/罗来军等著．—北京：经济科学出版社，2021.6

ISBN 978-7-5218-2616-6

Ⅰ．①长… Ⅱ．①罗… Ⅲ．①长江流域-区域经济发展-研究 Ⅳ．①F127.5

中国版本图书馆 CIP 数据核字（2021）第 113389 号

责任编辑：周秀霞
责任校对：靳玉环
责任印制：范 艳 张佳裕

长江流域统筹协调策论

罗来军 赵秋运 王雨剑 张哲人 著

经济科学出版社出版、发行 新华书店经销

社址：北京市海淀区阜成路甲 28 号 邮编：100142

总编部电话：010-88191217 发行部电话：010-88191522

网址：www.esp.com.cn

电子邮箱：esp@esp.com.cn

天猫网店：经济科学出版社旗舰店

网址：http://jjkxcbs.tmall.com

北京季蜂印刷有限公司印装

710×1000 16 开 10.75 印张 170000 字

2021 年 9 月第 1 版 2021 年 9 月第 1 次印刷

ISBN 978-7-5218-2616-6 定价：45.00 元

（图书出现印装问题，本社负责调换。电话：010-88191510）

前　言

长江流域涉及19个省、自治区、直辖市，流域面积180万平方公里，横跨东、中、西部三大经济区，具有完备的自然生态系统、独特的生物多样性，蕴藏着丰富的野生动植物资源、矿产资源、全国1/3的水资源、3/5的水能资源，全国大部分淡水湖分布在长江中下游地区，是我国重要的战略水源地、生态宝库和重要的黄金水道，地位十分重要。切实保障长江流域生态安全、促进长江流域绿色发展对国家而言至关重要。

但是长期以来，长江流域保护发展面临着统分结合、整体联动的工作机制不健全，管理体制条块分割、部门分割、多头管理、相互推诿等问题，导致今天长江“病了”。洞庭湖、鄱阳湖频频干旱见底，部分水系严重断流，河湖生态功能退化，生物完整性指数到了最差的“无鱼”等级。水污染形势严峻，重要湖库仍处于富营养化状态，30%的环境风险企业位于饮用水水源地周边5公里范围内、污染产业向中上游转移，跨区域违法倾倒危险废物呈多发状态，面源污染加剧。

通过明确长江流域统筹协调机制的运作模式、管理监督方式和职责、权限划分，是解决目前“九龙治水”局面的“金钥匙”。2020年12月26日，第十三届全国人大常委会第二十四次会议通过《中华人民共和国长江保护法》，自2021年3月1日起施行。通过立法对长江进行保护，是完成党中央重大任务的要求，是保护中华民族母亲河、保证长江流域高质量可持续发展的急迫需要。国家正在通过长江保护立法工作，积极勾画落实长江流域多元共治、协同落实的具体路径，切实发挥权威高效的国家统筹协调机制效能。然而，长江流域统筹协调机制如何构建和运行是一项大课题、大挑战。

长江经济带研究院首任院长罗来军教授对此深入策划，联合北京大学新结构经济学研究院赵秋运副主任、商务部国际商务官员研修学院王雨剑副处长、国家发展改革委对外经济研究所张哲人主任，组织了包括中国人民大学、北京大学、国家发展改革委等单位研究力量的强大研究团队，扎根实际、论证顶层、深入剖析，形成了翔实深刻的研究报告，对长江流域协调机制构建运行、各项规划统筹实施以及相关立法工作提供了宝贵的政策建议和智力支持。主要研究成果和内容在本书中进行出版，以飨读者。

除了上述专家之外，来自中国人民大学、北京大学、国家发展改革委等单位的参研人员还有文余源、张迎新、张瑜瑜、石微巍、任元明、戴甜甜、楼佳伟、陈文君、肖振宇、肖羡钰、孙星斗、崔雨阳、吴东怡、张强、张骞、郑洁、李欣泽、朱欢、翁东辰、魏智武、李竞吾、王晓涵、赵春艳、杨长湧、金瑞庭、原倩、刘栩畅、薛啸岩、张一婷。在此对各位研究人员致以衷心感谢。

目录
contents

第一章

长江流域分部门管理体制构建与实施

一、长江流域保护与发展当前状况

2019年，全国人大常委会将长江保护法列入第十三届全国人大常委会立法规划和全国人大常委会2019年度立法工作计划，交由全国人大环境与资源保护委员会牵头起草并提请审议。2019年10月29日，经全国人大环境与资源保护委员会第20次全体会议审议通过《中华人民共和国长江保护法（草案）》（以下简称《长江保护法（草案）》）。2020年12月26日，十三届全国人大常委会第二十四次会议表决通过《长江保护法》，从2021年3月1日起施行。

长江全长6300多公里，为世界第三大河流，长江流域蕴藏着极其丰富的水资源；每年长江供水量超过2000亿立方米，保障了沿江4亿人生活和生产用水需求，还通过南水北调惠泽华北、苏北、山东半岛等广大地区，是中华民族战略水源地。长江流域具有完备的自然生态系统、独特的生物多样性，山水林田湖浑然一体；长江流域地貌类型复杂，生态系统类型多样，森林覆盖率达41.3%，河湖、水库、湿地面积约占全国的20%，物种资源丰富，珍稀濒危植物占全国总数的39.7%，淡水鱼类占全国总数的33%，是我国珍稀濒危野生动植物集中分布区域；长江流域具有强大的洪水调蓄、净化环境功能以及水土保持功能，是我国重要的生态宝库和生态安全屏障区。长江干支流自古以来就是中国南方横贯东西、纵连南北的水上交通大动脉，航道总长 8 万多公里；万吨级轮船可达南京，3000 吨级可抵达汉口，1000 吨级可至重庆，500 吨级可通宜宾，是我国贯通东西的重要黄金水道。长江经济带居中国流域经济之首，也是区域经济发展均衡的内在动力。长江经济带覆盖了上海、江苏、浙江、安徽、江西、湖北、湖南、重庆、四川、贵州、云南 11 个省市，面积约 205 万平方公里，人口和生产总值均超过全国的 40%，贡献了全国 45% 的 GDP，具有强大的经济腹地和内部经济联系，是我国经济重心所在、活力所在，也是中华民族永续发展的重要支撑。当下，长江经济带与“一带一路”和“南向开放”相连，沿线长三角、武汉都市圈、成渝城市群等区域是我国对外开放的前沿，也是与世界经济紧密联系的区域，其发展不仅关系到我国经济社会能否高质量发展，而且对于世界经济都将产生重大影响。因此，推动长江经济带的高质量发展不是心血来潮、一时之需，而是全面布局、未雨绸缪、不断完善，不断加码升级。长江经济带高质量发展是高瞻远瞩的，是应对世界形势急剧变化的长远布局。

长江流域当前的国土空间用途管控工作存在着诸多问题，生态系统服务功能逐年下降。近 20 年来，长江全流域生态系统格局变化剧烈，城镇面积不断增加，尤其部分大型城市城镇面积增加显著；农田、森林、草地、河湖、湿地等生态系统面积不断减少；长江流域岸线开发存在乱占滥用、占而不用、多占少用、粗放利用等问题。长江流域水生态环境状况形势严峻，部分支流水质较差，湖库富营养化未能得到有效控制。长江流域中下游湖泊、湿地萎缩，洞庭湖、鄱阳湖面积减小，枯水期提前。长江流域生物多样性指数持续下降，多种珍稀物种濒临灭绝，中华鲟、达氏鲟（长江鲟）、胭脂鱼、“四大家鱼”（即青鱼、草鱼、鲢鱼、鳙鱼）等鱼卵和鱼苗大幅减少，长江上游受威胁鱼类种类占全国总数的 40%，白鳍豚已经功能性灭绝，江豚也面临着非常危险的局势。目前外来有害生物的入侵也在不断加剧。

长江生态环境修复协调机制亟待完善。长江区域是我国重要的人口密集区和产业承载区，也是横跨我国地理三大阶梯的区域，资源、环境、交通、产业基础等要素禀赋条件具有较大差异，地区之间发展差距明显，但是沿江工业发展各自为政，依托长江黄金水道集中发展能源、化工、冶金等重工业，上中下游产业同构现象愈发突出，部分企业产能过剩，一些污染型企业向中上游地区转移。并且当下依靠土地占用、高耗水高耗能等增量扩张的发展模式仍然占据主导地位，一些大城市人口增长过快，资源环境超载问题突出，各方面发展任务艰巨，长江流域生态环境保护和经济发展的矛盾日益严重，发展的可持续性面临严峻挑战。现阶段，长江流域上中下游地区资源、生态利益协调机制尚未建立，市场化、多元化的生态补偿机制建设进展缓慢，生态环境协同治理较弱，缺乏具有整体性、专业性和协调性的管理机制，较难有效适应长江全流域完整性管理的要求。

长江水资源保护不足，饮水安全存在很大压力。长江流域沿岸而建的各类产业聚集，其污染物的排放量巨大，存在着各项安全隐患，并且饮用水安全保障也面临着很大的压力。截至 2019 年，长江流域每年接纳废水量占全国的 1/3，单位面积化学需氧量、氨氮、二氧化硫、氮氧化物、挥发性有机物排放强度是全国平均水平的 1.5 ~ 2.0 倍。重化工企业密布长江，流域内 30% 的环境风险企业位于饮用水水源地周边 5 公里范围内，各类危、重污染源生产储运集中区与主要饮用水水源交替配置。部分取水口、排污口布局不合理，12 个地级及以上城市尚未建设饮用水应急水源，297 个地级及以上城市集中式饮用水水源中，有 20 个水源水质达不到Ⅲ类标准，38 个未完成一级保护区整治，水源保护区内仍有排污口 52 个，48.4% 的水源环境风险防控与应急能力不足。并且当前危险化学品的运输量持续上升，航运交通事故引发环境污染风险增加。涉及危险化学品码头和船舶数量颇多，且分布较为广泛，仅重庆至安徽段危险化学品码头就接近 300 个；危险化学品生产和运输点多且线路较长，存在部分船舶老旧、运输路线不合理、应急救援处置能力薄弱等问题；长江干线港口危险化学品年吞吐量已达 1.7 亿吨，种类超过 250 种，运输量仍将以年均近 10% 的速度增长，发生危险化学品泄漏风险持续加大，这对于长江流域饮水资源造成了强大的威胁。

长江部分区域经济发展与环境保护矛盾已逐渐显露并突出，发展缺乏统一规划。现阶段，全国近一半的重金属重点防控区位于长江经济带，湘江流域等地区重金属污染问题仍未得到根本解决。长江三角洲、长江中游、成渝城市群等地区集中连片污染问题突出。长江流域部分支流水质较差，湖库富营养化未得到有效控制，城镇和农村集中居住区水体黑臭现象普遍存在。长江大部分地区长期受到酸沉降影响，仍属我国酸雨污染较严重的区域。大气污染严重，成渝城市群与湘鄂两省所有城市空气质量均未达标，长江三角洲地区仅舟山、池州两个城市达标。工矿企业建设、生产以及农业生产等造成的土壤污染问题尤为突出。长江流域中的秦巴山区、武陵山区等8个集中连片特困地区，位于国家重点生态功能区，也是矿产和水资源集中分布区，资源开发和生态环境保护矛盾突出。

习近平总书记强调推进长江经济带发展必须走生态优先、绿色发展之路，涉及长江的一切经济活动都要以不破坏环境为前提，“共抓大保护、不搞大开发”，这就确立了长江经济带生态环境保护的总基调。习近平提出推动长江经济带发展，要从中华民族长远利益考虑，牢固树立和贯彻新发展理念，把修复长江生态环境摆在压倒性位置，在保护的前提下发展，实现经济发展与资源环境相适应。国家也高度重视长江经济带生态环境保护，把保护和修复长江生态环境摆在首要位置，全面落实主体功能区规划，明确生态功能分区，划定生态保护红线、水资源开发利用红线和水功能区限制纳污红线，强化水质跨界断面考核，推动协同治理，严格保护一江清水，努力建成上中下游相协调、人与自然相和谐的绿色生态廊道。

长期以来长江保护统分结合、整体联动的工作机制尚未健全，管理体制条块分割、部门分割、多头管理现象依然存在。干支流、左右岸、上中下游协同治理能力较弱。而且，长江经济带管理体制构建和实施过程中存在一系列的问题。第一，全流域无法落实统一管理。虽然从法律规定上来看，我国目前在流域管理方面实行的是“流域管理与行政区域管理相结合”的管理体制，然而，在实践中，主管部门单一，主管部门对流域内建设的工程缺少直接管理权和决策权，无法对整个长江流域的水资源进行有效监控。对于流域内涉水的违法行为很难直接查处。长期以来管理工作的开展极为不便，并不具有实施统一管理所必须拥有的足够的流域管理体制权限。难以发挥流域整体保护职能，综合决策机构缺位，直接导致了现实中无法实现行业之间、地方区域之间的协调统一，缺少专门的流域管理机构和协调机制。第二，职能交叉和职能错位并存。流域管理部门管理和地方各行政区域管理相结合的管理体制，会导致“多龙管水、多龙治水”的现象产生。这进一步导致各部门各自为政、各自为战、分割管理状态的出现。目前我国在流域的开发、利用和保护方面享有一定流域管理体制权限的部门多达 12 个。众多的管理部门，在流域管理的活动中没有明确的职责规定以及协调机制，不可避免地会导致管理资源的浪费和管理效率的低下，进而会产生相互争权、指责或推脱责任的现象。第三，地方保护主义盛行。实行流域管理部门管理和地方各行政区域管理相结合的管理体制，导致“以地方行政区域管理为中心”的分割管理状态的出现。由于经济利益的驱动，流域的各地方人民政府为了本地方的利益，会对流域自然资源、自然环境的开发、利用和保护等方面的统一管理产生不同程度的抵触，会导致其利用在流域行政区域管理方面的权力，大力开发和利用其行政区域内的流域自然资源和自然环境，为地方社会经济的发展谋取利益。这种不惜以牺牲环境为代价，较少考虑流域内经济的长期可持续发展，长江上下游之间互相转嫁污染的众多案例，就是区域分割管理弊病的有力证据。此外，在长江水资源的开发利用方面，沿江各省份竞相开发，而导致不考虑资源条件盲目开发高耗水工程、扩大供水范围等现象产生，致使长江全流域经济的长期可持续发展难以保障，最终加剧了长江水资源的供需矛盾。这样也就不可避免地会出现以长江流域各行政区域管理为主的分割管理状态。

长江生态环境保护和绿色发展是一项系统工程，需要构建一套完整的分部门管理体制。长江的国土空间用途管控、生态环境修复、水资源保护与利用和绿色发展涉及方方面面，所以，在执行过程中就必须打破行政区划界限和壁垒，实行分部门管理体制，有效利用市场机制，更好地发挥有为政府作用，从而加强环境污染的防护工作，加快推动建立各流域间、上下游生态补偿以及惩罚机制，加快形成生态环境防控、流域管理统筹协调的区域协调发展新机制。同时，需要按照全国主体功能区规划要求，建立生态环境硬约束机制，明确各地区环境容量，强化日常监测和监管，严格落实党政领导干部生态环境损害责任追究问责制度。对不符合要求占用的岸线、河段、土地和布局的产业，必须无条件退出。与此同时，应当完善长江环境污染防控机制和预警应急体系，推行环境信息共享，建立健全跨部门、跨区域、跨流域之间突发环境事件应急响应机制。长江流域生态脆弱性显著、资源分布不均匀、经济发展不平衡、产业结构差异悬殊、城镇化水平差距较大，因此，应当依托重点生态功能区开展生态补偿示范区建设，实行分类分级的补偿政策，按照“谁受益，谁补偿”的原则，探索上中下游开发地区、受益地区与生态保护地区进行横向生态补偿，进而促进流域上中下游、受益地区与保护地区通过资金补偿、对口协作、产业转移、共建园区等方式建立补偿关系，探索开展生态扶贫、产权交易、绿色投资等多样化补偿，最终建立长江生态保护补偿机制。正确把握生态环境保护与经济发展的关系，探索协同推进生态优先和绿色发展新路子，处理好绿水青山与金山银山的关系。

《长江保护法》的目的在于加强长江流域生态系统修复和环境治理，促进资源高效合理利用，保护长江流域生态环境，推进绿色发展。《长江保护法》主要在于约束如下行为：生态系统修复和维护生态安全；各类规划编制与实施、资源利用管控；饮用水安全保障与水污染防治；水资源合理配置、调度与利用；生态环境风险防范与应对；促进流域城乡各类行业绿色、高质量发展；防御、治理各类破坏和可能破坏或者严重影响生态系统和环境的行为等。同时，《长江保护法》提出国家建立长江流域统筹协调机制下的分部门管理体制，对长江流域国土空间规划和发展规划等有关规划的编制和实施作出规定。

二、建立长江流域统筹协调小组

长江流域涉及省份较多，干支流交汇众多，现阶段，长江流域存在管理部门不集中、多头管理等问题，由于其既涉及国土空间规划，又与发展规划相关联，还涉及水资源保护与利用，以及生态环境修复，这使得长江流域中所涉及的问题具有复杂性、重要性和特殊性，因此，对长江流域进行生态系统修复和环境治理，保护长江流域生态环境，推进长江流域绿色发展，需要建立长江流域统筹协调小组，坚持长江全流域和全区域合作发展，加强统筹协调，形成整体合力。

（一）长江流域统筹协调小组的设置

2014 年，中央成立推动长江经济带发展领导小组，依托国家发展改革委员会设立办公室。该小组统一指导和统筹协调长江经济带发展战略实施，协调跨地区跨部门重大事项，督促检查重要工作的落实情况。该小组主要涉及与部分国务院相关部门和长江经济带相关的沿江 11 个省市。而《长江保护法》则是针对整个长江流域。同时，长江生态环境系统性保护修复不但涉及长江主干支流，还包括众多支流，干支流互相交融、水系相通，长江生态环境系统性保护修复不应该仅覆盖长江经济带 11 个省市，还应该覆盖 19 个省、自治区、直辖市。长江流域的开发、利用和保护应当建立统一的综合决策机构、协调机构和领导机构，该机构应当直属国务院，级别较高，受国务院的直接领导和指导，而不能属于国务院的某个行政主管部门，这样才能有效地协调其与其他部委以及与地方各级人民政府之间的关系。该机构除负责实施长江经济带发展战略之外，还涉及长江全流域的国土空间用途管控、生态环境修复、水资源保护与利用以及推进绿色发展。为此，我们建议将国务院推动长江经济带发展领导小组调整为国务院层面的长江流域统筹协调小组。

长江流域统筹协调小组的设置是实现长江流域生态优先、绿色发展，“共抓大保护、不搞大开发”的基础和保障。长江流域统筹协调小组建议由主管的国务院副总理牵头，由国务院有关行政主管部门——国家发展和改革委员会、财政部、自然资源部、生态环境部、水利部、交通运输部、农业农村部、司法部、文化和旅游部等以及长江流域 19 个省、自治区和直辖市的人民政府负责人组成，上述部门负责人可以代表其各自部门和机关的权限和利益，从而能够有效发挥其积极性，同时长江流域统筹协调小组所做出的决策也能得到他们的支持和执行。

长江流域统筹协调小组应负责研究、决策流域涉水重大问题，同长江流域各省、自治区、直辖市人民政府依据长江流域战略规划，结合长江流域的生态功能和水资源状况，编制长江流域综合利用规划。并对长江流域县级以上地方人民政府贯彻与执行长江流域统筹协调小组决议、决定情况进行指导、协调、检查和督促；长江流域统筹协调小组负责督促国务院有关部门根据各自职责，加快长江流域水生生物、生态流量、自然岸线保有率、物种保护、水产养殖、自然资源科学合理开发和利用等相关标准和规范的制定，建立健全长江流域生态标准体系；长江流域统筹协调小组负责统筹协调各生态环境预警机制之间的协商、协作，建立长江流域生态环境风险预警体系。

长江流域统筹协调小组可以考虑设置长江流域统筹协调小组的执行机构，该机构负责流域监督管理的日常工作。要确定该机构和地方政府之间的职责，明确各自的权利和义务。当该机构和其他部门及地方人民政府对流域管理的过程中发生冲突时，要在相关法律中明确谁的管理权限更大，建立较好的利益协调机制。

（二）长江流域统筹协调小组的职责

长江流域统筹协调小组负责统筹协调、指导、监督长江保护工作，统筹协调、协商国务院有关部门以及长江流域省级人民政府之间的管理工作，建立完善长江流域相关标准、监测、风险预警、评估评价、信息共享等体系，并负责对各体系运行的统筹协调。对流域各地方政府部门的环保、水利等相关工作起着指导、监督作用。长江流域 19 个省、自治区、直辖市的各级人民政府作为推动长江发展的主体，要完善工作机制，找准战略定位，抓好各项任务的落实。中央与地方各级人民政府应当按照职能分工，制定配套政策，做好规划衔接，加快制定生态环境保护、岸线资源利用等专项规划。

长江流域统筹协调小组应当科学谋划国土空间开发保护格局，做好国土空间用途管控。长江流域统筹协调小组应当建立健全国土空间管控机制，以空间规划统领水资源利用、水污染防治、岸线使用、航运发展等方面空间利用任务，促进经济社会发展格局、城镇空间布局、产业结构调整与资源环境承载能力相适应，建立并做好负面清单管理制度衔接协调相关的工作，确保形成整体顶层合力。长江流域统筹协调小组应当进一步组织编制全流域综合规划和专业规划，优化长江流域当前城镇化的空间格局，以长江为地域纽带和集聚轴线，立足长江上中下游地区的比较优势和资源环境承载能力，统筹人口分布和产业布局。

长江流域统筹协调小组要实行自然恢复与人工修复相结合的生态环境修复的系统治理，加强水资源保护与利用。国家重点建设的西气东送、西电东送、南水北调、三峡工程等重大工程，从长远和整体上看，对长江流域的可持续发展是有利的，但每一项重大工程都会给长江流域带来新的严重的资源和环境问题，要彻底解决这些问题，必须加强水资源管理，实现水资源的可持续利用。首先，长江流域统筹协调小组应当做好长江干流水资源、水环境、水生态、防洪和重要水工程的统一监督管理，并对长江干流水体有重要影响的河流、湖泊、运河、渠道、水库等地表水体和地下水体的规划、建设、整治、保护和管理进行监督；制订并组织实施流域涉水应急方案和措施；负责长江干流取用水和重要源流限额以上取用水的取水许可和水资源费征收工作，并对重要源流限额以下取用水的取水许可和水资源费征收情况进行监督；负责省际边界重点河段水资源开发、利用和保护、水质保护、生态保护和采砂活动的监督管理。其次，长江流域统筹协调小组应当同国务院水资源主管部门及流域内有关省级人民政府，根据防洪形势的变化和经济社会发展的要求，按照统筹兼顾、突出重点、分步实施、因地制宜的原则，在对蓄滞洪区进行合理调整和科学分类的基础上，编制长江流域蓄滞洪区建设与管理规划，报国务院批准并公布；做好流域统筹协调、相互配合、部分职能和任务整合等工作，加强水资源、水环境、岸线、航运等方面的监督管理；确切落实长江防护林体系建设和退耕还林还草等生态修复政策的实施，实行严格的水资源管理制度考核；加强重点流域水污染防治规划，并将城市空气质量评价考核纳入其中，逐步形成长江流域生态环境保护硬约束。最后，要以长江三角洲为始逐渐完善长江全流域大气污染防治协作机制，从而促进区域空气质量逐步向好的方向发展，并商议决定进行跨区域补偿方面的有益探索，用以督促措施的落实。

长江流域统筹协调小组应当组织编制有关长江的发展规划，推动绿色发展。首先，长江流域统筹协调小组应当推动国家级优化开发区域——长江三角洲地区转型发展、创新驱动发展以达到绿色发展的目的，发挥长江三角洲地区的辐射引领作用，引导沿海地区产业有序向中西部内陆地区转移，促进长江中上游地区科学承接产业转移，提高资源配置效率，激发内生发展活力，推动长江经济带发展成为东中西互动合作的协调发展带。其次，要促进长江全流域各类城市协调发展。重点推进沿江地区国家级开发区转型发展，推进沿江地区国家级承接产业转接示范区（安徽皖江城市带承接产业转移示范区、湖北荆州承接产业转移示范区、重庆沿江承接产业转移示范区等）建设，推进两江新区、贵安新区、天府新区等国家新区建设，提升湘江新区发展水平，增强长江中上游地区承接产业转移的吸引力和承载力；具体而言，应当以长江三角洲城市群为龙头，以长江中游和成渝城市群为支撑，以黔中和滇中两个区域性城市群为补充，以沿江大中小城市和小城镇为依托，形成区域联动、结构合理、集约高效、绿色低碳的新型城镇化格局。发挥上海、武汉、重庆等超大城市和南京、杭州、成都等特大城市引领作用，发挥合肥、南昌、长沙、贵阳、昆明等大城市对地区发展的核心带动作用，加快发展中小城市和特色小城镇，培育一批基础条件好、发展潜力大的小城镇。再次，鼓励大型港航企业以资本为纽带，采用商业模式整合沿江航运资源。发展现代航运服务，加快上海国际航运中心、武汉长江中游航运中心、重庆长江上游航运中心和南京区域性航运物流中心建设，积极培育高端航运服务业态，大力发展江海联运服务，实现枢纽港与铁路、公路运输衔接互通，加强多部门信息共享，建设长江干线全方位覆盖、全天候运行、具备快速反应能力的水上安全监管和应急救助体系；统筹规划建设过江通道，加强隧道桥梁方案比选论证工作，充分利用江上和水下空间，推进铁路、公路、城市交通合并过江；优化整合渡口渡线，加强渡运安全管理，促进过江通道与长江航运、防洪安全和生态环境的协调发展。加快信江、赣江、江汉运河、汉江、沅水、湘江、乌江、岷江等高等级航道建设，研究论证合裕线、嘉陵江高等级航道建设和金沙江攀枝花至水富段航运资源开发；抓紧实施京杭运河航道建设和船闸扩能工程，系统建设长江三角洲地区高等级航道网络，统筹推进其他支流航道建设。最后，改善支流通航条件，优化港口功能布局，促进港口合理布局，加强分工合作，推进专业化、规模化和现代化建设，大力发展现代航运服务业；强化港口分工协作，统筹港口规划布局，优先发展枢纽港口，积极发展重点港口，适度发展一般港口，严格控制港口码头无序建设；提升上海港、宁波—舟山港、江苏沿江港口功能，加快芜湖、马鞍山、安庆、九江、黄石、荆州、宜昌、岳阳、泸州、宜宾等港口建设，完善集装箱、大宗散货、汽车滚装及江海中转运输系统；以航运中心和主要港口为重点，加快铁路、高等级公路与重要港区的连接线建设，强化集疏运服务功能，提升货物中转能力和效率，有效解决“最后一公里”问题；推进港口与沿江开发区、物流园区的通道建设，拓展港口运输服务的辐射范围。在此基础上对老旧运输船舶提前淘汰、对液化天然气动力船等清洁能源或新能源动力船舶建造等方面给予政策扶持；加快推进内河船型标准化，加大相关资金投入力度，拓宽融资渠道，研究并进一步推广三峡船型和江海直达船型，应用节能环保型船舶，加快淘汰低效率高污染老旧船舶。

三、构建长江流域分部门管理体制

现阶段，我国现行的长江流域管理体制，是一种“统一管理与分级、分部门管理相结合”的管理体制。这种管理体制，本质上即为一种“统一管理与分散管理相结合”或“流域管理与部门管理和行政区域管理相结合”的管理体制。按照这种管理体制，理应是以流域统一管理为主，部门管理和行政区域管理为辅。然而，在我国流域管理的实践中却逐步形成了中央与地方条块分割，以河流流经的各行政区域管理为主，各管理部门之间各自为政的分割管理状态。但是，各个管理部门不仅不符合实施流域可持续发展战略的需要，相反，有碍于流域可持续发展战略的实施。

长江流域横跨我国东、中、西部，途经 19 个省、自治区和直辖市，由于沿流两岸自然资源丰富，为林业、农业、渔业、矿业等多个行业的发展创造了优质的条件。也正是这种跨地区、跨行业的状况为长江流域的环境保护工作带来了一定难度。为此，我们应将其核心问题落实在长江流域管理体制与运行机制的改革方面，应当改革现行的流域管理体制，而改革的关键在于建立新型的流域机构和科学的流域管理体制，并赋予充分的自主权，获得相关各职能部门和地方各级人民政府的支持并承担起流域管理的责任。

（一）中央与地方职责明确及划分

长江流域实行流域管理与行政区域管理相结合的管理体制，行政区域管理和行业管理应当服从流域统一管理。国务院各职能部门在其各自职责范围内，负责长江流域涉水资源的保护、开发、利用和管理等工作；国务院有关部门、省级人民政府及其有关部门应当根据长江流域统筹协调小组的规定，将各自掌握的长江流域自然、管理、执法的数据、资料、报告、图表等信息及时汇入长江流域信息共享系统，实现信息共享。而长江流域涉及的 19 个省、自治区和直辖市，应当积极发挥各级地方人民政府的积极性，落实中央下发的任务，只有中央与地方各司其职并密切配合，才能更好地保护、管理长江流域，使得长江流域能够实现生态修复、环境治理以及绿色发展。

中央层面，长江流域统筹协调小组在修复长江生态环境的过程中，应当逐步建立统筹协调、规划引领、市场运作的领导体制和工作机制。在管理工作中应统一指导长江生态环境系统性保护修复的实施，统筹协调跨地区跨部门重大事项，督促检查重要工作落实情况，对重点任务和重大政策要铆实责任、传导压力、强化考核，从而能够进一步发挥统领作用。

中央应当作出着眼战略全局、切合实际，发挥引领约束功能的发展规划，从而能够确实地保护生态环境、建立统一市场。各有关部门之间要履职尽责、主动对表、积极作为，及时帮助地方解决工作中遇到的问题。国务院与长江流域省级人民政府应当按照中央与地方财政事权和财权责任划分，设立国家和省际生态保护专项资金，用于实施长江流域生态系统修复和其他相关保护措施。

长江流域沿江省、自治区、直辖市和国家相关部门要在思想认识上形成一条心，共同划定长江流域水域岸线保护范围，制定岸线修复规范，确定岸线修复相应指标，加强对重点库区消落区生态修复和保护的科学研究，合理划定三峡库区等重点库区消落区范围，调控库区水位，科学确定植被等治理方式，依法设定禁耕区、禁养区和禁渔区，保障消落区良好生态功能，加强库区水土保持和地质灾害防治工作。

（二）中央政府的统筹协调

国务院领导长江流域保护、开发和利用总体工作，长江流域地方各级人民政府应当对本行政区域的流域管理负责。国务院应当结合长江流域管理的总体目标和年度任务，与流域内各省、自治区、直辖市人民政府签订目标责任书，分解落实目标任务，实行年度目标考核。国务院生态环境主管部门会同长江流域各省、自治区、直辖市人民政府依据长江流域战略规划，结合长江流域水资源利用、水生态保护、环境污染治理、流域风险防控等的现状与要求，编制长江流域生态环境保护规划，征求国务院有关部门意见后，报国务院批准并公布。

在发展长江流域的过程中，中央层面要做好顶层设计，主要是管两头，一头是在政策、资金等方面为地方创造条件，另一头是加强长江全流域、跨区域之间的战略性事务统筹协调和督促检查。首先，中央在发展长江流域的过程中应当正确把握整体推进和重点突破的关系，全面做好长江生态环境保护修复工作。推动长江流域发展，前提是坚持生态优先，把修复长江生态环境摆在压倒性位置，逐步解决长江生态环境透支问题。从生态系统整体性和长江流域系统性着眼，统筹山水林田湖草等生态要素，实施好生态修复和环境保护工程。要坚持整体推进，增强各项措施的关联性和耦合性，防止出现顾此失彼。其次，国务院有关部门应当推进公共文化协同发展，以达到生态环境修复工作宣传和教育工作。加大跨地区公共文化资源整合力度，提升公共文化发展水平。从而进一步弘扬长江流域特色文化，并且长江流域统筹协调小组应当加强历史文化名城名镇名村、非物质文化遗产保护工作，改造设施落后的图书馆、艺术馆、博物馆等，推进数字图书馆、数字档案馆、数字博物馆等协同开发和共享。再次，中央应当在长江流域发展中促进公众参与第三方服务，建立社会共治体系。可以通过一些民间组织和民间河长作为联系政府和百姓的纽带，进而弥补政府能力不足，让公众成为监督河道治理的第三只眼睛，成为社会共治的一股重要力量。同时，中央应当提倡简约适度、绿色低碳的生活方式，按照系统推进、广泛参与、突出重点、分类施策的原则，建立完善回收押金、限制易污染不易降解塑料用品、绿色设计、发展公共交通等相关制度措施，推动绿色消费，促进绿色发展。最后，长江流域发展应当明确建立管理信息发布平台，接受社会监督，聘请社会监督员。在发展过程中应当要更加注重借助社会力量，努力构建起政府、企业、公众之间相互制衡的治理格局。水资源保护、水污染防治、水环境治理、水生态修复等皆离不开公众参与，公众既可通过参与维护自身的权益，也可对地方政府和相关部门实施监督，督促其自觉履行相应的职责。因此，需要建立公开透明的公众参与机制，并且要加强宣传引导，增强社会与公众保护长江的意识，以建立一体化协同发展机制，更好地推动长江流域生态经济发展。

（三）长江流域地方各级人民政府的职责明确及其落实

长江流域沿江地方各级人民政府应当按照职责分工落实生态系统修复和环境治理、促进资源高效合理利用、优化产业结构和布局、维护长江流域生态安全的管理责任。具体而言，要落实中央统筹、省负总责、市县抓落实的管理体制。

长江流域省级人民政府对以下行为负总责任。首先，制定地方水环境质量标准。国家或者长江流域相关省级人民政府明确要求针对特定水污染物制定地方污染物排放标准；流域或者区域水环境形势复杂，无法适用统一的水污染排放标准等情形下，应当制定更加严格的个性化地方水污染排放标准，并实行差别化的区分、分类排放管控措施，报国务院生态环境主管部门备案。其次，按照中央与地方财政事权和财权责任划分，设立省际生态保护专项资金，用于实施长江流域生态系统修复和其他相关保护措施。再次，省级人民政府可以在长江流域重要典型生态系统的完整分布区、生态与环境敏感区以及珍稀野生动植物天然分布区和重要栖息地、重要自然遗迹分布区，依法设立国家公园、自然保护区、自然公园等自然保护地。另外，省级人民政府应当组织对已经依法办理相关手续，但不符合国土空间用途管制要求或者已经纳入负面清单的建设项目逐步有序退出，同时应当对依据上述规定退出的企业和个人的合法权益，依法予以保障。最后，长江流域省级人民政府应当制定本行政区域总磷污染控制方案，并组织实施。对于磷矿、磷肥生产集中的长江干流和支流，省级人民政府应当制定更加严格的总磷排放限值，有效控制总磷排放总量。

长江流域县级以上地方人民政府主要按照职责负责落实如下工作。第一，负责落实生态系统修复和环境治理、促进资源高效合理利用、优化产业结构和布局、维护长江流域生态安全的管理责任。第二，配合上级加强有关保护长江流域生态系统、治理环境污染、推进绿色发展的教育和宣传工作。第三，制定本行政区域内国土空间规划，落实长江流域国土空间规划，与专项规划相衔接，以空间规划统领水资源利用、水污染防治、岸线使用、航运发展等方面空间利用任务，促进经济社会发展格局、城镇空间布局、产业结构调整与资源环境承载能力相适应，做好同建立负面清单管理制度的衔接协调工作，要对实现既定目标制定明确的时间表、路线图，稳扎稳打，分步推进。第四，应当根据流域湖泊生态保护的需要，削减入湖河流污染负荷，加强内源污染控制；及时清理入湖垃圾，组织开展对所辖区域富营养化湖泊的生态系统修复；采取调整产业布局规模、实施控制性涉水工程统一调度、生态补水、河湖水系连通等综合措施，改善和恢复湖泊生态系统的质量和功能。第五，对氮磷浓度严重超标的湖泊，应当在影响湖泊水质的汇水区，削减化肥用量，禁止使用含磷洗涤剂；全面清理投饵、投肥养殖。第六，应当推进矿山生态修复进程，随着复绿工作的不断深化，进一步加强生物多样性保护，因地制宜加快对历史遗留矿山的生态修复工作。随着矿山开采面积的扩大和性质的转变，不仅仅是对生物多样性修复，更要促进生态功能修复。第七，应当组织本地区有关部门布局饮用水水源取水口。第八，应当按照以水定城和提高水资源利用效率的原则，加强节水型城市建设。落实有关长江流域发展规划所确定的目标、约束性指标、主要任务，确保规划整体推进实施。第九，应当根据各地实际推动钢铁、石化、有色金属、建材、船舶等产业升级改造，提升技术装备水平。对造纸、制革、电镀、印染、有色金属、农药、氮肥、焦化、原料药制造等企业实施清洁化改造。鼓励企业通过技术创新减少资源消耗和污染物排放。加强对城乡居民绿色消费意识的宣传、教育，并采取有效措施保证人民群众养成绿色消费习惯。

长江县级以上地方人民政府的相关行政部门需要落实如下责任。长江沿岸县级以上人民政府水行政主管部门按照规定的权限，负责本行政区域内水资源的统一管理和监督工作，并会同沿岸县级以上人民政府的环境保护行政主管部门对本行政区域内水污染防治工作实施统一监督管理。长江沿岸县级以上人民政府发展与改革、经济贸易、卫生、建设、交通、农业、林业、公安与渔业等部门依照各自职责，实施本辖区内流域其他涉水事项的监督管理工作，做好有关流域水资源与水环境的监督和管理工作。流域县级以上地方人民政府环境保护行政主管部门按照法律规定的权限，负责本辖区内流域水污染防治工作的统一监督管理。自然资源主管部门应当定期组织对长江流域土地、土壤、矿产、水流、森林、草原、湿地以及生物资源等自然资源状况的专项调查。野生动物主管部门应当定期组织对野生动物各主要类群和栖息地状况的普查，或者根据需要组织开展专项调查，并将调查结果报国务院自然资源、生态环境主管部门备案。

长江流域县级以上地方人民政府实行流域重要涉水管理事项的地方行政首长负责制。长江流域各省、市、县、乡应当在本行政区域内的相应水域设立河长。由河长分级分段对其责任水域的水资源保护、岸线管理、污染防治、环境治理等予以监督和协调，督促或者建议政府及相关主管部门履行法定职责、解决责任水域存在的问题，负责保障流域水资源的合理开发利用。

（四）建设单位和生产企业的责任强化

长江流域建设单位和生产企业应当对因生产造成的环境污染和生态破坏依法承担责任。企业在生产经营过程中，常常会对环境造成各种各样的负面影响，其主要集中表现在两个方面：一方面，企业的生产离不开运用各种生产资料，而这些生产资料在资本原始积累的时候，为了节约成本实现经济效益，很多是直接依靠对环境资源的掠夺而来的，给自然资源造成了极大的破坏和浪费；另一方面，企业为了获取眼前的短期利益，不惜以牺牲环境为代价，如排放有毒气体、污水等，往往不会考虑环境代价或环境成本，让环境遭受严重污染。

长江流域的企业应当严格遵守工业废水处理回用制度以及冷却、除灰、循环水、热力等系统。长江流域的企业应当根据排放污染物申报登记制度、排污收费制度和排污许可证制度，加强自身对长江流域污染源的监测，进而规范排污口，时刻监控工业废水处理设施运行情况，及时淘汰落后的产能及工艺、设备。对企业新建项目要从严管理，按照污染物排放总量控制要求严格执行。

长江流域的国有企业数量众多，涉及行业广泛，体量巨大，在能源电力领域有长江电力、中国神华为代表的大量国企，在钢铁领域有着以宝武集团为代表的大量国企。此外在化工、煤炭、航运、纺织、有色金属、机械加工等行业也存在着以东风汽车、东方电气集团为代表的大量国企。国有企业作为长江流域的重要组成部分，在长江流域进行生态环境系统性保护修复和环境治理的过程中，应当结合自身实际情况积极参与到相关进程中，发挥自身产业优势。在长江流域进行生态环境保护与修复过程中，国有企业应主动根据污染防治要求，减少企业污染物排放总量，降低企业生产用水总量；积极参与长江流域横向生态保护补偿机制，建立相应的生态保护补偿基金，积极探索排污权、碳排放权、水权交易等市场化生态保护补偿机制；在长江流域水生生物系统恢复与保护过程中，积极发挥国有企业技术与制度优势，协助地方政府建立生态保护机制，成立生态保护基金；国有企业在长江流域岸线周边的化工项目应逐渐向岸线以外地区搬迁；国有企业在长江流域涉磷生产过程中应主动采取有效措施防范磷环境污染；国有企业应当在上级主管部门要求下继续提高资源利用率，降低单位生产能耗，提升产品附加值，减少污染物排放。配合所在地人民政府落实完成对于资源承载能力的国土空间用途规划，推进长江流域绿色发展，使长江流域发展成为世界上可开发规模最大、影响范围最广的内河经济带。同时，长江流域现存国有水利水电工程应当将生态调度纳入日常运行调度规程，建立常规生态调度机制，保障全流域生态水量，防治下游入海口地区咸水入侵。

随着当前社会的不断发展，“先污染再治理”的方式将会逐步退出历史舞台，因此，想要保持长久的可持续发展，长江流域沿线的污染企业必须主动寻求一条绿色循环发展模式，走绿色生产道路。企业应当不断提高自身的环保意识，寻求绿色无污染的生产方式，或是为产生污染的生产加工设备配置相应的环保设施，从而进一步从源头上保护生态环境。

四、处理好长江流域分部门管理体制构建中的几对关系

长江流域自西而东横贯中国东、中、西部三大区域，涉及 19 个省、自治区、直辖市的巨大系统，流经区域广，流经面积宽，长江流域的管理涉及部门多，关系复杂。长江流域的各个地区、各个城市皆有推动自身发展的意愿，这是无可厚非的，但在各自发展过程中要从整体出发，树立“一盘棋”思想，把自身发展放到统筹协调发展的大局之中，实现统筹发展、协调发展、有机融合，形成整体合力。为此，在推行长江流域统筹协调机制和分部门管理体制构建的过程中要重点把握和合理划定各方职责边界，理顺中央与地方、部门与部门、流域与区域、区域与区域之间的关系，建立统分结合、整体联动的长江流域管理体制和治理体系。

（一）中央与地方之间的关系

在实际实施的过程中，处理好中央与地方之间的关系对于长江流域的相关政策规划、法律法规能否统筹实施和确实落地具有重要意义。中央与地方的关系实质上是要正确处理集权与分权的关系，协调好全局利益与局部利益、长远利益与当前利益的关系。长江流域全面推进发展战略，需要中央做好相应的顶层设计，引导相关的政策规划确实落地。中央政府拥有对长江流域治理重大政策、战略规划制定与重大战略项目审批等重大事项决策权，其涉及多部委、多行业、跨省界水事纠纷的协调处理、流域干支流控制性水库群联合调度、流域内上下游邻近省级人民政府之间建立水质保护责任机制等重大流域性事务协调权。同时，也需要在长江流域统筹协调机制下处理好中央与省级人民政府之间的关系、中央与流域管理部门之间的关系、中央与县级人民政府之间的关系。

1. 中央与省级人民政府之间的关系

长江全流域跨越我国东、中、西部，流域内省份之间差异较大，长江流域中下游地区各省经济发展程度较高，生态环境污染问题较为严重，上游地区各省经济发展程度相应落后，生态环境保护程度相对中下游地区较好。这就需要中央对长江全流域的生态环境、经济发展等作出统筹安排。

同时，中央对长江流域相关事务进行统筹安排也需要地方省级人民政府的积极配合。因此，地方各级人民政府应在长江流域统筹协调小组全局统筹规划下制定出相关政策规划、法律法规，发挥省级人民政府承上启下的作用，将中央的有关决策决议变成符合本区域实际情况的具体落实措施并在全省推行；将中央相关法律法规依据本区域实际情况，通过完善本区域地方性法律法规的形式完成相应配套；积极收集本区域在落实长江流域发展战略过程中出现的共性问题，并及时向中央有关部门汇报，帮助中央有关部门适时调整相关制度规划，对本级人民政府落实长江流域有关规划的具体措施进行相应监管。

在长江流域分部门管理体制构建过程中需要中央层面统筹协调，把控全局，对国土空间用途管控、生态环境修复、水资源保护与利用、推进绿色发展等方面进行整体规划与布局。合理引导和调动地方的积极性，恢复长江流域生态环境，充分发挥地方的比较优势，努力缩小地区之间的发展差距，推动长江各区域之间绿色协调发展。而且，在中央层面建立起相对应的有效监督与约束机制，对地方人民政府涉及长江有关事务进行相应的监督管理，督促地方人民政府在生态环境保护与修复、自然资源合理利用、水资源保护与利用以及推进绿色发展等方面进行区域之间的合作。

在长江流域分部门体制构建的过程中，中央对地方的统筹协调需要坚持联合与合作的原则。在中央层面所建立的长江流域统筹协调小组应是由国务院授权、出面组织。对于不同地区人民政府之间联合与合作的机构。该机构应当负有提高跨省合作、解决长江流域较为宽泛的各领域事务的使命。其主要任务是进行最高层次决策，统筹协调地方人民政府在对长江流域的治理以及发展方面进行合作。同时，地方各级人民政府进行对应层次的管理和执行，提高管理和执行的效率、效能和绩效，要做到领导、控制与放权、收权之间的平衡协调，在这样一个领导与执行的关系之间，长江流域统筹协调小组应当制定政策实施规范和相应的奖惩制度，从而进一步加强管理和执行效率。使得省级人民政府层面能够做到承上启下，把党中央大政方针和决策部署转化为实施方案，加强对区域内各级人民政府的指导和监督，推动工作开展；市县级人民政府层面应当做到因地制宜，推动工作落地生根。

2. 中央与流域管理部门之间的关系

现阶段，长江全流域范围内涉及长江事务大大小小的流域管理机构有十几个，其中最主要的是水利部长江水利委员会。水利部长江水利委员会是中华人民共和国水利部在长江流域和澜沧江以西区域内行使水行政主管职能的派出机构，主要负责区域内的水行政执法，水资源统一管理、节约、配置和保护，流域规划，防汛抗旱，河道管理，流域控制性水利工程建设与管理，河道采砂管理，水土保持，水文，科研，以及有关国有资产的运营、监管等工作。

要实施长江生态环境系统性保护修复，推进长江流域高质量发展，应当加强长江全流域的生态环境系统修复和环境治理，推进全流域的绿色发展，这就必然需要水利部长江水利委员会的积极配合。长江流域统筹协调小组可以赋予长江水利委员会对流域性事务直接、完整的管理权，其权限包括但不限于控制性水工程的联合调度，流域重要水域、直管江河湖库和跨流域调水监测等流域性问题，还可以包含长江干流的河道采砂，长江干流、重要支流的取水许可等流域性问题，以及跨流域或者跨省水资源应急调度，流域干流岸线的管理与保护，重点防治区水土流失的预防、监督与管理等流域性问题。同时，赋予流域机构对流域与区域事务共管权，使其能够代表流域整体利益对直管事权之外的流域性问题的解决发挥作用，具体可包括中央政府决策事项中相关议题提出权、中央决策事项执行支持和监督权、流域性事务协调权、多元治理参与权。使得长江水利委员会作为长江流域涉水事务统一管理机构发挥出自身的作用，推进长江流域发展战略能够深入落地实施。

3. 中央与县级人民政府之间的关系

长江流域各地区县级人民政府作为具体落实中央有关修复长江生态环境的各种政策规划、法律法规的行政主体，既要积极落实上级政府相关决策，也要组织领导行政区域内流域管理各项事务。其中，需要对本行政区域内涉及长江流域事务的各项工作进行统一的管理和监督；对国务院相关部门以及各地省级人民政府要求落实的各项措施、发展规划与法律法规要制定具体落实的措施，并形成与之配套的规章制度。同时，各地县级人民政府要督促本行政区域内乡、镇级人民政府协助上级人民政府及其有关部门做好农村饮用水、农业和农村水污染防治、环境基础设施建设等相关工作。

县级人民政府作为长江流域分部门管理实施过程中落实各项具体政策的关键政府层级，需要积极配合国务院相应的部门建立关于长江流域生态环境与自然资源的各种台账；配合长江流域协调机制总体要求，建立生态、环境、资源、水文、航运、自然灾害等监测网络体系与监测信息共享机制；配合中央在长江流域推进生态环境保护修复的要求，对本行政区域符合条件的区域有计划地实施生态环境修复并加强行政区域内的生态环境保护力度；配合国家在长江流域推进绿色发展的总体要求，对本行政区域内的高污染企业实施清洁化改造，推进地区产业升级，配合中央有关部门建立绿色发展有关评估机制。

（二）部门与部门之间的关系

国务院包含 26 个组成部门与若干直属机构、事业单位和部委管理的国家局。在长江流域推行生态系统修复和环境治理，推进绿色发展，落实长江流域的重大国家发展战略，需要国务院大多数部门与机构、事业单位参与。其中既有涉及国土空间用途管控和生态环境修复的部门，也有涉及水资源保护与利用，更有负责推进发展规划的部门，牵扯到环境、经济、社会、生产、生活的方方面面。很多长江流域保护、发展事务涉及多个部门，而且部门之间的管理权限与职责互有交叉重叠，很容易在长江流域形成“九龙治水”的格局。因此，在长江流域统筹协调机制中对于中央职能部门授权应按照“一类事项原则上由一个部门统筹、一件事情原则上由一个部门负责”的思路进行整合划分，厘清相关部门具体职责。在长江流域统一管理的大框架内，协调处理好各部门之间的关系，明确各自职能，做到科学分工、互相支持，形成权力与责任相匹配的制度体系。

在长江流域分部门管理体制的构建中需要对部门进行明确分工。根据《长江保护法》在长江流域从事各类活动，应该坚持生态优先、绿色发展，“共抓大保护、不搞大开发”的原则，国家层面应当制定长江流域的统一规划，该规划应该以国土空间用途管控、生态环境修复、水资源保护等国土空间、资源规划为主，有关长江流域的发展规划，报国务院批准后组织实施。制定有关长江流域的发展规划应当与资源环境承载能力相适应。从部门分工而言，应当由国务院自然资源主管部门牵头，会同国务院其他有关部门组织编制长江流域国土空间规划，国务院发展改革部门参与发展规划，当发展规划与资源环境规划发生冲突时，应以资源、环境规划以及相关部门的意见为主。具体而言，在指导长江流域河道与湖泊保护工作、建立长江流域河道采砂许可制度中，需要赋予水利部相应的中央统管权；在长江流域草原资源与天然林保护事务中，需要赋予国家林业与草原局相应的中央统管权；在长江流域水产养殖活动、重点水域实行严格捕捞管理的事务中，需要赋予农业部渔业局相应的中央统管权；在长江流域水生生物重要栖息地科学划定禁止航行区域和限制航行区域，需要赋予交通运输部相应的中央统管权；在长江流域编制发展规划，优化产业布局，推进长江流域绿色发展方面，需要国务院发展改革部门进行负责；在长江流域实行自然恢复与人工修复相结合的系统治理事务中，需要赋予自然资源部相应的中央统管权，等等，而且明确各部门责权，有利于防范流域内生态保护补偿机制中发生贪污腐败的风险。

在长江流域分部门管理体制的构建中需要强化监管。长江流域的分部门管理需要建立起对于各部门的监督管理机制，尤其是由于保护与修复长江流域的生态环境、推进长江流域经济绿色发展都需要大量的社会资本投入。建立长江流域自然资源有偿使用制度和长江流域自然资源资产特许经营权，建立生态补偿基金，成立排污权、碳排放权、水权交易等市场化的生态保护补偿方式，在这些机制体制的运行过程中涉及大量的资金流通。因此，需要对相应的资金进行监管，对交易过程进行监督。

在长江流域分部门管理体制的构建中需要各部门积极配合并协调推进。在涉及长江流域生态环境综合治理与保护，推动长江流域向绿色发展的进程中，由于参与相关部门较多，在各项事务中的主管部门外，还需要其他相关部门的积极配合。由于相关的数据、部分事务管理权限、政策规划落实过程与长期监督管理等往往涉及多个部门，在长江流域统筹协调机制中，明确各部门互相配合机制，提升部门间配合效率，加快长江流域相关事务落实速度，使相应的机制体制、规章制度能够科学合理地制定，确立相应的监督、激励机制显得十分必要。

在长江流域分部门体制构建的过程中，中央对地方的统筹协调需要坚持差异化原则。由于长江流域涉及区域广泛，这使得该区域内各个地区之间的要素禀赋具有较大的差异性，由西至东各地区经济发展的不平衡性也很大。因此，在管理的过程中不能通过完全统一的方式去执行，在总体目标一致，并力求达到效益最大化的基础上，中央对地方的领导方式，应当实行差异化。对于一些欠发达地区应当给予更多的政策福利帮助，但也要施加更多的压力，使其奋起直追，加强横向联系，向发达地区学习、取经。各区域之间也应当加强建立横向联系，取长补短，互相支援，共同发展。这种关系应当是协商合作的、互相支援的、互通有无的、互惠互利的关系。

（三）流域与区域之间的关系

长江流域横跨中国东部、中部和西部三大经济区，流域面积广大，流域内各区域之间差异很大。在我国，流域与区域的分割管理问题长期存在，长江流域沿岸各省级人民政府出于管理长江的目的，或多或少成立了多个相关管理机构。但是同一条河流上存在过多的同级别管理机构，导致互相之间互不统属、各自为政，影响了长江全流域的整体治理效果，不能从全局出发合理规划长江全流域的综合生态环境保护与修复。同时，也缺乏相应的法律权威去执行相关的具体措施，从而出现了流域管理与区域管理之间的冲突。因此，在长江流域进行生态环境修复与保护，推进长江流域绿色发展，正确处理好流域与区域之间的关系已经到了刻不容缓的地步。

在流域层面。在长江生态环境系统性保护修复的过程中不能将流域管理与区域管理分离开来或对立起来，而应当将二者紧密结合起来，流域管理的重点在于抓好流域全局、统筹协调好流域内省际之间相关事务。在加强流域管理的同时，充分发挥地方政府和地方相关部门的作用。在宏观层面，主要表现在流域综合规划与专业规划、流域规划与区域规划之间的统一与衔接上。流域范围内的区域规划应当服从流域规划，专业规划应当服从流域规划。长江在全流域生态环境、自然资源监测监督与评估治理、管理体系的建立上需要以统筹协调全流域基本情况为基础，各区域共同发力，建立全流域信息共享机制，建立全流域共同治理体系。同时，对长江沿岸的采砂、航运、污染防治等需要全流域统一规划治理的事务，建立相应的全流域统筹协调机制。促使中央相关部门将长江全流域相关任务分解到各区域各级人民政府中，敦促区域各级人民政府积极配合完成相关任务。在微观层面，就是建立科学合理的生态环境评估评价、监测监督体系，根据流域内不同区域的具体情况的不同，建立起侧重点不同的治理方式。

在区域层面。长江流域上中下游生态环境问题较为严重，国土空间问题较为严峻、水资源消耗量很大、污染较严重、产业很密集。最能代表各区域的就是上、中、下游城市群，城市群作为在产业聚集、人口集中、交通辐射、中心城市带动和区域政策激励等综合因素驱动下形成的新兴经济地域单元，是工业化和城市化发展到一定阶段的产业，也是都市区和都市圈发展到高级阶段的产物。长江流域目前主要形成了长江三角洲、长江中游城市群、成渝城市群三大城市群，分布在长江的上、中、下游，是长江流域发展的中坚力量。在长江全流域施行国土空间用途管控、生态环境修复、水资源保护与利用、推进绿色发展都离不开三大城市群的积极配合。同时，相关部门对全流域各地区之间具体情况的差异进行相应的评估与考虑，细化各区域之间差异，建立起相应的奖励激励机制，调动各区域积极性，共同为长江流域生态环境保护与修复、经济绿色发展发挥作用。

长江流域分部门体制构建需要根据各区域资源禀赋、生态条件和环境容量，明确长江流域国土空间开发的限制性和适宜性，引导人口和产业向资源环境承载力较高的区域聚集，优化生产、生活、生态空间结构，促进人口资源环境相协调。根据长江流域的实际资源环境情况，在上游地区发挥成渝城市群的自身资源禀赋，处理好本区域经济发展与生态环境保护、修复之间的关系，保障长江上游地区的生态、生活、生产用水流量，强化并扩建相应的国家珍稀动物自然保护区，严控区域内的采砂与污染物排放，发挥城市群人口聚集效应，承接长江源头和上游水源涵养地、草原、深林等生态脆弱地区与生态保护区的人口转移。在长江中游地区发挥长江中游城市群发挥自身的区位优势，连接流域上下游地区，承接上下游相关产业转移，利用自身人力、土地、交通等方面的优势，积极推进流域内相关产业优化升级，减少区域内单位生产能源消耗量，降低区域内生产、生活用水总量，保障长流流域总体生态流量、航运流量。同时，加强长江流域内河湖联通工程的实施，在本区域内重点区域继续加大全面禁渔执法力度。在长江下游地区，尤其是长江三角洲地区，由于区域产业密集、工业化、城市化水平较高，区域人口总量较大，经济发展程度较高，自然资源消耗量、污染物排放总量居高不下，区域资源环境承载负荷较高，需要区域内上海等中心城市积极推进城市人口疏解，对区域内工业企业进行污染物总量排放控制，淘汰区域内落后产能，促进产业间融合，转变经济发展方式，推进经济绿色可持续发展。

（四）区域与区域之间的关系

长江流域流经湖北、上海、江苏、浙江、安徽、江西、湖南、重庆、四川、贵州、云南、青海等 19 个省、自治区、直辖市及其相关行政区域。然而，由于长江流域内各地区之间经济社会发展程度、生态环境状况、自然资源禀赋具有较大的差异性和不平衡性。因此，在落实长江流域发展战略的过程中需要处理好区域与区域之间的关系。

构建长江流域分部门管理体制需要把自成一体的城市群整合起来，推进长江流域各区域之间的协同合作。在推进绿色发展的过程中，需要依托长江流域下、中、上游分别分布着的长三角城市群、长江中游城市群和成渝城市群三大主要城市群。长江流域内三大区域城市群的经济基础、发展阶段、资源禀赋等差别还是比较明显的。由于经济基础、发展阶段和资源禀赋的差异，三大城市群在战略定位上有所差异，但是由于缺乏统一的发展规划，未考虑生态环境保护与修复和经济绿色发展。目前，长江流域三大城市群各有定位分工，形成以流域为划分，产业和城市规模不一，又协同差异发展的格局。长江流域三大城市群加在一起，人口众多、面积巨大、经济海量、层级多元、关系复杂。长江流域统筹协调发展就是要把自成一体的城市群整合起来，使原本关系松散、来往不密切的城市群，发展成为一个具有一致思维和判断能力，并在重大战略上可以做出一致反应和行为的统一整体。而要推进这样一个庞然大物快速发展，统一的战略部署、内在的组织协调当然首当其冲。因此，需要在保障长江流域发展战略落地实施的基础上，三大区域城市群建立协同、统一的绿色发展机制。以长三角、长江中游和成渝三大跨区域城市群为主体，以黔中和滇中两大区域性城市群为补充，以沿江大中小城市和小城镇为依托，深化区域经济合作，发挥省际之间合作协调机制、区域间要素流动机制、城市协调和市场机制三者的作用，推进长江流域各区域间的协同合作。在长江全流域形成分工协作、集约高效、绿色低碳的新型城镇化发展格局，从而形成发挥长江流域天然连接东中西部的优势，积极对接“一带一路”倡议，推动沿江国土集聚开发、组团发展。促进形成以沿江城市群为主体，以大中小城市和小城镇为依托，以沿江综合运输大通道为连接，培育沿江产业带和世界级产业集群，建设具有全球影响力的内河经济带、沿海沿江沿边全面推进的对内对外开放带和生态文明建设的先行示范带。同时，发挥长江流域上、中、下游城市群区域引领作用，引导中心城市部分产业转移，人口疏解，推动区域内其他中小城镇同步发展，进而推动全流域经济社会统筹协调发展。其中沿江三大城市群在各自发展过程中应当结合所在的区位条件、经济基础、发展阶段、资源禀赋，在跟随着长江流域高质量发展的脚步中提出差异化协同发展的新目标和新举措，并且能够在完善自我发展的同时向欠发达地区伸出援手，提供帮助，各大中小城市在明确自我发展定位和方向时，应当结合自身的具体条件立足整个城市群的发展定位和方向，找到自己发展的重点方向，解决自身进一步发展的问题。

构建长江流域分部门管理体制需要协调推进区域之间整体性保护，提高生态系统服务功能。长江流域经济总量大、区位优势独特，是我国综合实力强、城市密布、文化底蕴深厚的地区之一。在国土空间布局上，长江流域上游地区有着川滇森林及生物多样性生态功能区、三峡库区水土保持生态功能区。长江流域中游地区有着秦巴生物多样性生态功能区、武陵山区生物多样性与水土保持生态功能区、大别山水土保持生态功能区等 8 个国家级重要生态功能区，约占全国的 1/3。但是，由于长江流域的长期开发，耕地面积逐年减少，河湖水域等生态用地大量减少，上游地区地震地质灾害多发，中游地区受水患袭扰频繁，下游地区地面沉降，国土安全受到威胁。在生态环境布局上，长江流域地跨热带、亚热带和暖温带，地貌类型复杂，生态系统类型多样，川西河谷森林生态系统、南方亚热带常绿阔叶林森林生态系统、长江中下游湿地生态系统等是具有全球重大意义的生物多样性优先保护区域。然而，长江流域整体性保护不足，生态系统破碎化，生态系统服务功能呈退化趋势。上游地区发展与保护矛盾突出，环境污染形势严峻。中下游湖泊、湿地萎缩，洞庭湖、鄱阳湖面积减少，枯水期提前。长江水生生物多样性指数持续下降，多种珍稀物种濒临灭绝。长江三角洲、长江中游、成渝城市群等地区集中连片污染问题突出。部分支流水质较差，湖库富营养化未得到有效控制，城镇和农村集中居住区水体黑臭现象普遍存在。在水资源保护布局上，长江流域中农业用水、工业用水占据全流域总用水量的一半以上。长江流域上游地区和流域内其他一些山区的人口及耕地较少，受自然条件的制约，经济发展相对落后，水资源的开发利用程度也相对较低。长江中下游地区区位优势明显，人口比较稠密，经济较为发达，水资源比较丰富且开发利用条件也较好，水资源开发利用程度也较高。同时，长江流域干流近岸水域、部分支流水域污染严重，局部湖库富营养化，水生态系统遭到破坏，生态用水不足，生态环境恶化，导致水生生物资源不断减少，生物多样性下降，生态环境恶化趋势明显。为此，构建长江流域分部门管理体制需要对长江流域各区域统筹联动配置国土空间规划，鼓励重点城市地区率先发展，最大限度发挥要素集聚效益，提高对周边地区的辐射带动能力，推动城乡区域协调发展，提高生态系统服务功能。以长江流域的综合开发为先导，通过合理利用水资源和土地资源，控制洪水、开发航运、生产电力、完善软硬基础设施，促进区域之间农业、航运和工业等社会经济的协调发展。

构建长江流域分部门管理体制需要建立跨区域协调的流域治理机制。长江流域治理是以长江流域为单位的水资源综合管理理念，强调“共抓大保护、不搞大开发”，要求建立以长江流域为基础解决生态问题、绿色发展问题的机制。实现长江流域自然资源统一规划和管理，由于一般情况下流域与行政区域不重合，流域治理需要实行跨行政区域治理。不同部门、团体或行政区划，因彼此的业务、功能和疆界相接及重叠而模糊不清的问题，导致权责不明，跨部门、跨区域的问题无人管理的现象时有发生，为此要推进流域生态资源跨部门、跨区域合作治理，共同完成社会经济生态协同发展目标。长江生态环境系统性保护修复应当通过在全流域范围内建立政府之间的联动治理协调机制，促进行政区域之间的合作，统筹长江全流域综合治理，避免各级政府与部门之间互相争权、推诿、扯皮，将生态负外部性影响内部化；进一步明晰流域生态产权，发挥价格机制作用，用市场化手段解决区域之间的生态资源负外部性问题，通过政府管制和市场机制的共同作用，提高自然资源的利用效率，加强自然资源的保护；建立跨省案件办理的司法协作机制、生态环境修复跨省协同工作机制。建立长江流域区域之间的生态补偿机制，加大对长江中上游革命老区、民族地区、边疆地区、贫困地区和资源型地区的扶持力度，提升自我发展能力。最终，长江全流域区域之间通过综合运用多种手段，完善公共参与治理机制，共同建设长江流域的美丽生态环境。

五、统筹实施长江流域分部门管理体制与规划

长江流域相关事务涉及众多部门、多个领域、多个区域，而且各部门之间职权互有重叠，多部门对于长江流域事务皆具有一定的管辖权，这不利于长江生态环境系统性保护修复。因此，统筹实施长江流域分部门管理体制对实现长江流域经济绿色、可持续发展意义重大。下面从制度建设、立法体系、国土空间用途规划、生态环境修复、水资源保护与利用以及绿色发展等方面进行阐述。

（一）完善长江全流域现行制度建设

完善的制度建设是实现长江流域绿色发展的基础和条件，也是保护长江流域生态环境的重要抓手。目前，长江流域现行制度由于没有统一的法律条文做支撑，在相关领域显得有些片段化、碎片化，在很多方面尚待完善。因此，完善长江流域现有的制度十分有必要。

首先，制定并完善科学、合理的制度。科学、合理的制度不仅对经济发展过程中的长江流域资源与环境可持续利用具有重大意义，并且还可以为长江流域的经济发展提供巨大动力。科学、合理的制度在一定程度上可以遏制企事业单位及个人滥用稀缺资源的行为，有利于控制长江流域资源开发的速度，减少对生态环境的破坏，提高资源的配置效率，进而达到可

持续发展的目的。科学、合理的制度促使企事业单位及个人在生态环境保护法律法规的限制下，从事生产经营活动中有利于长江流域生态环境的经济社会活动。因此，在长江流域建立科学、合理的制度，应当被视为当前的工作重点和迫切需要解决的问题。实施长江生态环境系统性保护修复需要中央与地方各部门树立制度建设这一意识，树立起相关制度的权威，把制度作为制约权力和长江沿江经济建设的基础载体。完善从中央到地方相配套的法律法规、政策规划，使各相关部门做到有法可依，有法必依。国家层面建立的国土空间规划制度、长江流域监测体系、长江流域生态保护补偿制度、长江流域河道采砂许可制度、长江流域生态环境风险预警体系、长江流域环境污染保险与财务担保相结合的机制、长江流域水环境质量标准等制度体系。国务院有关部门和长江流域省级人民政府、县级以上地方人民政府有关部门根据各自职责组织完善相关的制度和机制建设。同时，建立相关的监督监察体制、奖惩制度，提升执行效率，使得各项法律法规、政策规划可以尽早尽快的落地实施。

其次，建立并完善长江流域生态保护补偿制度，转变长江流域现有的发展模式。长江流域生态保护补偿方式应当建立社会资本出资、市场运作的生态保护补偿资金，实施生态保护补偿方式多元化。实现长江流域大保护这一目标离不开资金支持，中央虽然对长江流域的建设投入了大量资金，以促使长江流域内相关产业结构转型升级，减少污染，实现经济绿色、可持续发展，但这明显不能满足现有长江流域产业转型升级以及自然环境保护资金的需要。目前，应依据谁受益、谁付费的总原则，完善长江流域中获取经济收益地区的企事业单位及个人向长江源头和上游的水源涵养地等生态功能重要区域予以生态补偿的机制。同时，为提高长江流域生态补偿机制的效率，应建立起与之对应的责任明确、保障有力的监督与管理制度。

再次，建立并完善长江流域经济发展影响评价制度和舆论监督制度。长江流域区域跨度广，区域之间差异大，各区域在制定各自经济发展规划与政策时，存在多着眼于眼前利益和局部利益，缺乏对长远利益和全局利益进行综合考量等问题，这不利于长江流域“共抓大保护、不搞大开发”的整体战略规划。站在降低长江流域“共抓大保护”风险与成本的角度，协调各部门、各地区之间利益，建立长江流域整体建设及区域开发规划对生态环境影响的评价制度与舆论监督制度。从实现长江流域生态系统修复和环境治理、促进资源高效合理利用、保护长江流域生态环境、推进绿色发展的角度对企事业单位及个人进行相关社会经济活动的影响进行全面评价，并配合全民舆论制度进行有效监督，降低区域社会经济活动的随意性和盲目性给长江全流域生态环境带来的风险。

最后，建立长江流域环境保护与绿色发展的全流域管理制度。长江流域内 19 省、自治区和直辖市的各级人民政府所独立进行的流域治理或资源开发活动都会对流域内其他区域，尤其是对毗邻的省、市、县产生有利共生或者不利对抗的影响。与长江经济带“共抓大保护、不搞大开发”的整体性要求不相适应的地方在于长江经济带在资源开发和生态环境保护等方面仍处于条、块分割的管理状态之中。这就会导致长江流域内各级人民政府及其职能部门在管理权限上产生冲突，以及在环境修复与治理上责权不明。因此，建立长江流域生态环境修复与绿色发展的全流域管理制度，统筹安排全流域资源开发利用并与环境保护、生态建设等方面相结合，实行资源与环境一体化的综合管理，从而促进长江流域绿色发展。

（二）建立健全长江流域立法体系

长江流域分散式的涉水事务管理立法模式，带来了众多问题。当前，我国涉水相关规定的立法体系有以下特点：第一，我国涉水管理立法模式呈现分散状态，到目前为止我国还未制定一部综合性流域管理法，关于流域的相关规定大多分散在各水事法律法规中。第二，专门性涉水管理立法层次较低，效力等级高的立法数量极少，大多以部门规章、地方性法规、规章等为主。而部门性立法和地方性立法具有局限性和地域性，其立法受各部门和地方人民政府的职权、利益和地域划定等因素的制约，面对跨部门、跨专业、跨地区的流域管理问题，这些效力等级低的法律规定会凸显出无法适用的缺陷。第三，现有涉水专项立法具有被动性、应急性补漏式特征，我国许多涉水专门性立法都是针对涉水事务管理中出现的突出问题、重大紧急事件出台的，缺少预见性。现有的涉水管理立法虽然对管理中出现的特殊性、紧急性问题的解决有关键性作用，但是其只能解决突出性问题，与综合性的流域管理法相比具有极大的局限性。

长江流域的现行立法存在一定的结构性缺陷。目前，我国仍未出台一部综合性流域管理法，有关流域管理的规定仅在各涉水法律法规中零星出现。我国分散式的流域立法模式将水资源开发利用保护、水污染防治等分别立法，使各种利益关系不能很好地得以协调发展，导致流域管理进程较为缓慢。因此，需要以流域为尺度实施流域生态环境的统一立法、统一规划、统一管理和统一调度。虽然《中华人民共和国水法》《中华人民共和国水污染防治法》对流域管理给予一定的认可，但与完全意义上的流域综合管理法规相比还有较大差距，在长江流域进行全面的生态环境保护与修复，仍未得到正式、全面的法律肯定。由于我国立法机制与技术上的问题，在水资源保护中起重大作用的较多为单一性行政法规与部门规章，而这些立法属于单行立法或部门立法。由于部门考虑的利益及立法技术问题会导致区域行政部门与流域管理机构职权上的不协调、区域利益与流域整体利益的不协调以及各现行法律之间的不协调等。因此，出台一部适用于全流域的综合性立法在法律上予以明确界定是迫切需要的。最重要的是，我国的环境相关立法数目极多，但是缺乏生态系统整体性考虑的立法，这就导致了各种法律法规之间协调性较差的问题。

长江全流域管理法律制度不健全。我国关于流域管理立法中的法律制度不健全，很多重要的制度要么未纳入，要么规定较少，如公众参与、排污权交易、流域规划、生态补偿等，而这些制度却对流域的污染防治和生态保护具有重大意义。我国关于流域水资源管理的立法起步较晚，较多制度并不完善。没有公众参与的制度，就意味着脱离了群众，而脱离群众的管理是不科学的。由于流域管理具有广泛的社会性，脱离人民群众的参与可能会阻碍流域生态环境的健康可持续发展。

长江全流域管理立法之间协调性差。第一，各现行的该流域法律文件之间存在冲突。我国涉及流域管理的相关规定较为分散，法律法规之间存在相互矛盾，缺乏协调性等问题。从内容上看，水资源的开发及利用和保护、水污染防治、防洪、水土保持等都属于流域管理的内容，例如《中华人民共和国环境保护法》《中华人民共和国水法》《中华人民共和国水污染防治法》等法律文件虽然具有同等法律效力，但是由水行政部门和环保部门分别起草。因此，各部门难免会以自身利益为出发点，缺乏对于全局的综合性考虑，忽视了相互之间的内在联系和同一性，最终导致这几部法律在实施过程中不能很好地协调。第二，现行的流域立法与其他法律规定之间存在冲突。例如《中华人民共和国防洪法》第二十二条、第四十二条与《中华人民共和国森林法》第三十二条关于阻碍行洪树木的管理部门职权方面的规定出现了矛盾，《中华人民共和国防洪法》指出由防汛指挥机构管理而《中华人民共和国森林法》则规定由林业部门管理。

长江全流域中现行立法规定缺乏可操作性。虽然我国的《中华人民共和国环境保护法》《中华人民共和国水法》《中华人民共和国水污染防治法》等法律涉及面很广泛，但难以根据流域管理的特点和规律进行系统、具体的规定。在众多综合性涉水立法中的相关规定是具有宏观调控性质的，而对于流域管理相关的规定则较为分散、针对性也差，这导致涉及流域管理的有关条款过于笼统，可操作性差。我国现行的流域相关配套法律法规也存在不够具体的问题，并未对流域保护及污染防治的具体措施作出规定，而相关配套规定制定的目的就是将法律法规中过于原则性的条款具体化，保证充分发挥作用。

完善长江流域生态保护和监督法规。近年来随着绿色发展概念的提出，长江流域内各级人民政府、企事业单位以及个人的环保意识逐年增强，陆续出台了一系列生态治理、生态保护、生态建设的法律和法规，对推进区域生态环境建设、实现“美丽长江”发挥了极大的推动作用。要实现长江流域的绿色发展，需要中央及地方各级人民政府与部门共同完善相应的法律法规、政策规划，还应进一步加大对长江流域各地区在生态保护、生态环境修复等方面的违法、违规行为的监管力度和惩罚力度。

各级人民政府应积极配合长江保护立法工作，完善健全各地相关配套法律法规与规章制度。在这个过程中将习近平总书记两次推动长江经济带发展座谈会上的重要讲话精神作为根本遵循，制定全面保护长江流域生态环境的法律法规与规章制度。针对长江特定区域、特定问题采取特别的制度措施，保护修复长江流域生态环境，保障自然资源高效合理利用，防范和纠正各种影响长江流域生态环境的行为，科学合理划定各方权责边界。理顺中央与地方、部门与部门、流域与区域、区域与区域之间的关系，建立起统分结合、整体联动的长江流域治理体系，支撑和推动长江流域绿色发展、高质量发展。

（三）统一编制长江流域国土空间用途规划

长江流域国土空间用途规划是实施全流域各类开发、保护、建设活动的依据。国家对长江流域国土空间实施用途管制，坚持严格控制生态国土空间转为城镇国土空间和农业国土空间的国土空间红线；坚持生态国土空间与城镇国土空间、农业国土空间的相互转化利用应当以资源环境承载能力和国土空间开发适宜性评价为依据的总原则。保障自然资源高效合理利用，防范和纠正各种破坏长江流域生态环境的行为，对实现保护长江流域生态环境、支撑和推动长江流域绿色、高质量发展至关重要。这就需要建立健全关于长江流域的国土空间规划制度，管控长江流域的国土空间用途。

统筹实施长江流域分部门管理体制需要提升整体国土空间规划的协调性。国家层面需要加强长江流域各省总体战略部署和区域协同，以及精准区域定位。科学合理确定整个长江流域的国土空间开发强度、建设用地规模、生态保护红线面积、自然岸线面积、耕地保有量、永久基本农田保护面积等指标，并建立相关的监测体系与监督管理机制。明确主体功能区划分，加强陆海空统筹，细化城镇开发边界以及各类江河流域保护线的协调落实。县级以上人民政府自然资源主管部门应当发挥长江流域各区域之间的比较优势，优化城镇布局结构，明确该地的资源环境承载能力，完成中心城市的人口疏解任务。同时，加强生态环境保护，优化生态系统保护格局，强化河湖空间保护，保障河湖防洪、供水、生态等功能。

统筹实施长江流域分部门管理体制需要严格执行规划、强化审批和监管。长江流域的国土空间用途管控应当坚持先规划、后实施，不得违反长江流域国土空间规划的原则来进行各类开发建设活动。各级地方人民政府、各类国土空间规划的约束性指标和刚性管控报批前，应通过长江流域国土空间基础信息平台作一致性比对。同时，国家层面应当强化规划执行的刚性约束，国土空间规划一经批复，未经法定程序，任何部门和个人不得随意修改、违规变更。按照一级政府一级事权的原则，强化省、市、县分级管控和监督实施，按照“谁审批、谁监管”的原则，建立国土空间规划审查备案制度。

统筹实施长江流域分部门管理体制需要构建国土空间基础信息平台，建立监测评估体系。长江全流域国土空间管控应当由各级自然资源主管部门结合国土空间总体规划，同步建设国土空间基础信息平台，并及时将各级、各类国土空间规划数据纳入平台，不断提升对长江流域国土空间的治理能力。县级以上人民政府相关职能部门应根据国家层面的年度国土空间开发保护状况，为长江流域各项涉及国土空间的决策提供科学依据。此外，县级以上人民政府应当依托国土空间基础信息平台，建立健全国土空间规划动态监测、定期评估预警机制、实施监管机制和定期评估制度，根据定期评估结果，对国土空间规划进行动态调整完善。

合理规划长江流域生态国土空间，加强长江全流域国土空间规划的可实施性。国家层面需要落实长江流域整体国土空间规划的约束性指标和管控要求，科学划定局部与全流域的国土空间规划区域。统筹优化生态保护红线、永久基本农田、城镇开发边界等国土空间控制线，优化局部与全流域的国土空间体系和布局。统筹长江流域各级各类开发园区的发展规划，严控建设用地增量，优化长江全流域整体功能布局，强化重大交通枢纽、重大水利工程等统筹安排，重视结构性绿地、水体等开敞空间的保护控制和均衡分布。国家统筹长江流域自然保护地体系建设。国务院和省级人民政府可以在长江流域重要典型生态系统地区划定生态与环境敏感区、珍稀动植物天然集中分布区以及重要自然遗址分布区，加强全流域各类历史文化遗存、通风廊道、饮用水源地的保护，强化城市地区楼宇高度、风貌、天际线等空间形态控制，依法设立国家公园、自然保护区、自然公园等自然保护地，提升长江流域国土空间品质。

合理规划城镇国土空间，打造宜居高效的城镇空间。国家层面对长江流域岸线实施特殊管制，严格控制岸线开发建设，促进岸线高效利用；坚持城乡统筹、均衡发展、宜居宜业，进一步明确城乡功能定位，优化调整城乡空间格局。坚持集约的用地方式，框定总量、限定容量、盘活存量、做优增量、提高质量，推动由单一粗放的利用方式向高效复合的利用方式转变。县级以上人民政府的城镇地区，应加强长江沿岸城市设计，塑造城市特色，保护历史文化，提升城市建设品位、细化服务管理；引导城市功能布局和空间形态与沿江山脉水系自然环境相融合，增强城市群产业发展、加大基础设施建设力度、提高公共服务水平与强化资源环境综合承载能力。国家鼓励金融机构按照统一的绿色金融信贷、债券、环境风险信息披露等标准，为保护长江流域生态和发展绿色低碳经济提供金融支持，倡导绿色低碳生活消费方式，促进城市群发展由规模粗放扩张向内涵绿色提升转变，形成区域联动、结构优化、集约高效、低碳清洁、和谐宜居的城镇空间。

合理规划农业国土空间，建设复合优质的大农业空间。长江流域农业资源丰富，农业基础设施具有明显优势，农业基础良好，是我国重要的粮食产区，在保障我国粮食安全方面具有重要地位。在合理规划农业国土空间方面，国家层面应当在长江全流域的整体规划中坚持农业发展模式与自然条件相适应，与社会经济发展相协调，以系统化视角看待农业的发展，针对不同类型的农业空间发展困境提出差异化、优化管控措施。具体而言，在长江流域上游地区可以重点发展以草食畜牧业为代表的特色生态农业，依托自然生态和少数民族风情发展休闲农业和乡村旅游；长江流域中游地区可以进一步提高农业机械化水平，发展适度规模农业，推进现代农业建设，打造粮食生产核心区和主要农产品优势区；长江流域下游地区可以在稳定粮食生产的前提下，重点发展高效精品农业和都市农业，加快推进标准化生产和集约化品牌化经营。省、市人民政府应当组织长江全流域乡村环境综合整治，关闭沿河近山重化工厂，实现农村垃圾、污水减量化，开展乡村植树造林行动，增加森林植被覆盖率；国务院和县级以上人民政府应当在长江流域重要生态区、生态脆弱区按照规定划定公益林，实施严格管理。国家层面对长江流域天然林实施严格保护，科学化天然林重点保护区域；县级以上人民政府应当加强对长江流域草原资源的保护和管理，对具有调节气候、涵养水源、保持水土、防风固沙等特殊作用的基本草原实施严格管理，对退化草原实施修复治理。国家层面加强对长江流域水产养殖活动的管理，鼓励和扶持发展长江流域绿色生态环保水产增殖、养殖，其中，水产增殖应当采用渔业主管部门检验合格的苗种，并依法接受渔业主管部门监管；长江流域县级以上地方人民政府应当编制养殖水域滩涂规划，并公布实施、指导和规范养殖活动符合规划和相关标准。国务院渔业主管部门会同国务院其他有关部门和相关地方各级人民政府加大对长江流域重点水域实施严格捕捞管理，在长江流域水生生物保护区全面禁止生产性捕捞，加强对长江入海口及近岸海域捕捞活动的管理，促进中华鲟等洄游鱼类向长江流域洄游；县级以上人民政府制定长江流域其他水域禁捕、限捕管理办法。同时，应当对长江流域重点水域退捕的渔民实施补偿，引导渔民退捕转产，并做好社会保障工作。

（四）实行自然恢复与人工修复相结合的生态环境修复治理方式

长江是世界第三长河，我国第一大河，干流自西向东横贯我国中部，有 180 万平方公里的流域面积，约占全国总面积的 1/5。中国 40% 的可利用淡水资源在长江流域，流域内渔业资源丰富，淡水渔业产量约占全国的 60%；湿地面积 1154 万公顷，超过全国湿地总面积的 1/5。长江流域也是我国生物多样性的重点地区。对长江流域进行生态环境修复与生态环境保护，促使长江流域实现绿色可持续发展，以及建设生态体系标准至关重要。坚持“共抓大保护、不搞大开发”的原则建立长江全流域的生态标准体系，从建立更严格的生态环境修复计划、完善生态环境监测评估体系、培育安全且有韧性的生态空间以及实施生态保护，开展生态建设等方面着手。

统筹协调建立更严格的长江流域生态修复计划。针对长江流域整体性生态环境保护不足、生态系统破碎化、生态系统服务功能呈退化趋势、污染物排放量大、风险隐患多、环境污染形势严峻的现状。国家层面需要整合长江流域现有管理机构建立统一的流域管理机制，统筹协调和差异化解决生态修复问题，对生态系统进行整体性修复与保护建立跨区域的统筹协调解决机制；长江流域统筹协调小组应当组织国务院自然资源、水行政、生态环境、住房和城乡建设、渔业、交通运输、林业和草原等部门会同长江流域内省级人民政府划定长江流域水域岸线保护范围，制定岸线生态环境修复规范，确定岸线修复相应指标。国务院自然资源主管部门会同其他有关部门建立更加严格的长江流域生态环境基准的监测和执法标准，为长江流域内各省、自治区、直辖市生态环境保护治理政策进一步优化提供参考。县级以上地方人民政府有关部门根据职责分工，按照长江流域岸线修复规范和指标要求，制订并实施修复计划，保障自然岸线比例，清退非法利用、占用岸线，恢复河湖岸线生态功能。

强化长江流域环境治理与生态系统修复。国家层面需要建立长江流域污染物排放总量控制制度，在长江流域加强环境治理与生态环境系统修复，加大生态环境治理基础设施的资金投入；县级以上地方人民政府应当推进沿江企业产业结构升级，减少重工业企业的环境风险，严控长江全流域农业化肥、农药超量使用，严控长江沿江畜牧业污水排放与抗生素超标使用，加强沿江岸线保护、实行流域性的退耕还林、还草、还湿。国务院渔业主管部门会同国务院其他有关部门和地方人民政府根据物种资源状况建立长江流域水生生物完整性指数评价体系，并将其变化状况作为评估长江流域生态系统和水生生物总体状况的重要依据。同时，长江流域水生生物完整性指数评价体系应当与长江流域水环境质量标准相衔接。在长江全流域重点区域禁渔的背景下，国家宣传部门与省级人民政府加强对长江全流域水生生物的人工繁育和科普教育，组织开展珍稀濒危特有水生生物救护，加快长江流域生态环境体系修复。

完善长江流域生态环境监测评估体系。国家要求相关部门根据各自职责组织完善相关生态环境风险预警和报告机制建设，建立健全长江流域相关生态、环境、资源、水文、航运、自然灾害等监测网络体系，进行长江流域土地、土壤、矿产、水流、森林、草原、湿地以及生物资源等自然资源状况的专项调查，建立资源基础数据库和资源变化情况台账，并组织开展对环境资源承载能力的评价，定期向社会公布长江流域污染物排放总量。国务院有关部门和省级人民政府建立长江流域信息共享机制，系统控制、改进对生态环境保护治理与修复评价参数体系的缺陷，并结合长江生态系统的自身特征，统筹资源、环境、经济、社会等多领域指标建立长江流域生态指标体系，科学评估长江流域生态环境状态与治理修复水平，推动各地生态环境有效治理工作的开展。

培育安全且有韧性的生态空间。国家在长江流域国土空间规划编制中，应将区域发展与自然生态系统、防灾减灾相关联起来。按照生态性、连续性和开放性原则，加强城市基础设施防灾能力设计，实施重要生态系统保护和修复重大工程，确定生态空间与生态保护红线，使区域发展能够承受外界环境的改变，增强区域生态保持功能和结构的控制力，提升综合风险管理和抵御灾害的能力。同时，针对长江全流域内地貌类型多样、气候条件差异明显，既是生物多样性富集区，也是生态脆弱区和敏感区的特点，在长江上游地区县级以上人民政府，将保障生态空间和生态保护红线内生态系统服务功能总量高、受益人口多、生态空间和生态保护红线分布面积最大作为主要国土空间规划的原则。长江中下游地区县级以上人民政府的湖泊围垦和淤积萎缩导致洪旱灾害频繁发生，城镇化和农业开发频繁挤占生态空间。县级以上人民政府需要协调开发与保护之间的矛盾，同时兼顾统筹考虑长江流域上、中、下游的特点，注重区域间生态保护和经济社会发展的整体性和协调性。国家层面应当建立和完善生态补偿制度，建立流域上下游之间、受益地区与保护地区之间、开发地区与保护地区之间的横向生态补偿机制，建立受益地区与保护地区之间横向转移支付的生态补偿制度，进一步扩大和完善现行重点生态功能区范围，培育长江全流域安全有韧性的生态空间。

实施生态保护，开展生态建设。实现长江流域绿色发展，需要坚持在长江流域实施更加严格的生态保护。一是国家层面要重点坚持长江流域岸线的生态红线，严格执行国土空间生态管控，坚决消除化学工业企业“包围”长江的现象，还长江两岸以“绿色”；二是县级以上人民政府要建设一批特色经济林、花卉苗木基地，确定一批森林小镇、森林人家和生态文化村，加快推动发展长江流域各区域生态旅游、森林健康养老等绿色产业，促进相关绿色产业的发展和人民生活水平的提高；三是长江流域县级以上地方人民政府林业和草原主管部门应当加强林业自然保护区建设，实施珍稀濒危野生动植物拯救性保护行动，加快构建生态廊道和生物多样性网络，保护好长江流域重点野生动植物物种和典型生态系统。

通过绿色保险参与长江流域生态环境修复工程，建立生态环境风险防范体系。针对长江流域生态系统破坏的突出问题，需要把生态修复摆在压倒性位置。长江流域内各地区应当积极引入、推行绿色保险，建立由保险公司、投保企业、环保专业服务企业等市场主体组成的市场运作机制。国家层面应当探索建立完善的环境风险评估、保险费率厘定、环境政策技术咨询、环境责任认定、环境损害鉴定、保险承保理赔等各项工作制度，建立“环境体检 + 责任保险 + 专业服务 + 风险防范 + 损害理赔”为一体的生态环境风险防范体系，增强对长江流域企业污染风险防控能力，促进生态环境修复工程的发展。同时，长江流域县级以上地方人民政府应在法律层面加强相关法律法规的建立和落地，在不同层次的法律法规与规章制度中列明对于不同行业、不同企业的绿色保险投保标准和指南，完善环境污染的民事救济，探索环境公益诉讼制度，加大对重大环境刑事犯罪的打击力度，使绿色保险制度得到具体的法律保障与支持。

（五）统筹协调长江流域水资源保护与利用

长江流域实际上是以水为纽带，连接上下游、左右岸、干支流的经济社会大系统。现阶段，长江流域水资源保护在水质、水量、水生态等方面皆面临着严峻的形势。尤其是长江沿线主要城市江段水污染依然严重，湖泊富营养化问题依然突出；部分区域居民的饮用水水源地安全保障体系仍不健全；长江沿岸重污染高耗能行业的布置给长江流域内水环境带来较大的环境风险。由于长江流域相关企事业单位及个人对长江水资源和水能资源的持续开发利用，导致长江流域生态系统遭到破坏，主要干、支流河流连通性降低，通江湖泊生态环境受损，下泄流量保障不足等问题。在新老问题交织的情况下，长江流域水资源保护工作任重道远。为此，国家应当提倡简约适度，绿色低碳的生活方式，需要牢固树立“生态优先、绿色发展”理念，按照“节水优先、空间均衡、系统治理、两手发力”的新时代治水思路，建立完善回收押金、限制易污染不易降解塑料用品、绿色设计、发展公共交通等相关制度措施，推动绿色消费，促进绿色发展，贯彻落实“水利工程补短板、水利行业强监管”的水利改革发展总基调，充分考虑了长江全流域生态环境保护。

建立和完善长江流域水资源管理制度和体系。国家层面加强长江流域饮用水水源地保护，建立饮用水水源档案管理制度；国务院水行政主管部门会同国务院生态环境、交通运输、住房和城乡建设主管部门根据供水服务范围和行政区域级别，分级制定饮用水水源地名录，掌握长江流域饮用水水源总体状况；长江流域省级人民政府水行政主管部门会同同级人民政府生态环境、住房和城乡建设等主管部门制定本行政区域内其他饮用水水源地名录。国家层面完善长江流域河湖水生态空间管控、污染物入河总量控制、重大水污染事件应急管理、生态、生活、生产流量保障、饮用水源地保护等各项制度配套法规建设，健全水资源保护的规划体系；长江流域统筹协调小组应当逐步建立跨部门、跨区域的水资源保护协调机制，实现水资源可持续、多渠道保护的信息公开与共享机制，水资源保护公众参与机制等。探索长江流域水资源综合管理模式与制度，逐步构建长江流域水资源管理体制机制。尽快研究制定长江流域水资源保护的具体规程、规范、导则等技术标准，比如生态流量核定方法、水生态修复技术规范等，弥补相关领域的空白，更精准地指导水资源保护规划。

强化长江流域水资源规划约束和监管力度。长江流域统筹协调小组应当不断完善水资源保护规划顶层设计，补齐长江流域水资源保护短板。突破传统的水资源保护规划思路，加快从以水质保护为主向水量、水质、水生态保护并重转变。既要继承现有流域水资源保护规划体系的精髓，又要根据新时代长江流域水资源保护的新要求，强化河湖生态水量保障、河湖生态调度，水生态保护与修复、水生态空间管控等内容。国家层面在保障长江流域生态、生产、生活用水量的基础上，不断强化长江流域水资源保护监督管理能力。科学划定长江流域河湖水域岸线等水生态空间范围，明确长江流域各区域水生态空间管控边界，对各区域水资源进行差异化管控要求，加强空间管控与保护，维系长江流域各河流、湖泊等水生态空间基本功能，守住长江流域水生态安全底线。长江流域统筹协调小组应当建立健全长江流域各省、自治区、直辖市的保护监测体系与监控管理平台，重点加强对长江流域水生态流量监测、预警与管理能力建设，完善生态流量监管机制。不断严格完善长江流域水资源管理与保护制度，以长江流域各支流干流、河湖水资源水环境承载能力作为刚性约束，以“共抓大保护、不搞大开发”为基本原则。全面控制污染物排放，尤其是生产生活废水含磷量，逐步改善河湖水质状况，扭转重点湖泊水库富营养化趋势，为从根本上改善长江流域水环境质量、保障水资源安全奠定坚实基础。

（六）推动长江流域绿色发展和高质量发展

在长江流域的经济建设过程中，应当时刻以“共抓大保护、不搞大开发”为总目标、总原则，统一发展规划，坚决杜绝无序开发的情况，以生态优先、绿色发展为引领，推动并落实长江流域经济科学、绿色、可持续的发展理念，推进长江流域绿色城乡发展。

长江流域的经济发展应该与资源环境承载能力相适应。国务院发展改革部门负责组织编制有关长江流域的发展规划，应当将长江流域各区域土地进行统筹规划，以发挥各区域的比较优势为重点，优化产业结构，加强对本区域自然资源的科学合理利用，避免对环境的盲目性破坏，对环境进行相应的保护与修复。同时，长江流域县级以上人民政府应发挥引导作用，积极引进、培育符合本地区比较优势的产业，逐步淘汰污染严重与不符合比较优势的产业，在长江全流域推进统一的绿色发展规划，在保护环境的同时加快经济向绿色发展转变。实现长江流域绿色发展的重点在于调整长江流域的经济结构，使要素实现最优配置，促进产业转型升级，淘汰落后产能与污染产能，保护长江流域自然环境，促进经济绿色、健康和协调发展。

推进长江全流域绿色城乡建设。国家层面推动长江流域建立致力于绿色城乡建设的体制机制和政策体系。县级以上地方人民政府应当围绕绿色发展、统筹规划、建设管理三大环节，提升城乡人居环境质量，建设与自然和谐共生的魅力城镇和美丽乡村；地方各级人民政府应当加快建设自然积存、自然渗透、自然净化的海绵城市。尤其是长流流域内的大中型城市，长江全流域内的大中型城市有 25 个，主要城市群有长三角城市群、长江中游城市群、成渝城市群。长三角城市群以建设世界级城市群为目标，在绿色发展、生态环保建设等方面发挥引领作用，加快形成国际竞争新优势，促进三大城市组团式资源优势互补、产业分工协作、城市互动合作，加强湖泊、湿地和耕地保护，提升城市群综合竞争力和对外开放水平，提高资源使用效率，推进经济发展与生态环境相协调。城市群以外的地区城市积极承接区域中心城市溢出产业，以资源环境承载力为基础，不断完善城市功能，发展优势产业，建设特色城市，加强与中心城市的经济联系与互动，带动地区经济发展，形成全流域统筹发展的新格局，推进全流域经济绿色可持续发展转变。同时，农村地区作为长江流域最广大的地区，对长江流域绿色发展具有关键作用。首先，县级以上人民政府要以当前实施乡村振兴战略为机遇，从改善农村人居环境入手，解决长江流域乡村区域污染问题。聚焦解决农村的生产、生活污水问题，以发展新农业为契机推进长江流域农村地区生态环境改善。其次，县级以上人民政府应当推进传统农业、畜牧业转型升级，减少农业生产过程中的农药化肥使用量，降低畜牧业生产过程中的抗生素使用量与相关污水排放量。最后，国家层面鼓励长江流域按照生态、环保、经济实用的原则因地制宜进行厕所改造，减少生活污水对生态环境的污染，实现生活污水污物的再生利用。

按照长江流域发展规划优化产业结构和产业布局。要实现长江流域绿色发展，激发经济整体活力，优化调整经济结构，补齐经济结构中的短板，皆需要调整长江流域的产业结构和产业布局。国家层面应当在长江流域实行节水型产业发展管理模式，对产业发展开展规划水资源论证，加强对高耗能水行业用水定额管理，严格控制高耗能水项目建设。长江流域县级以上地方政府应当做好如下工作：第一，根据实际推动传统产业创新升级改造，提升技术创新水平，为传统产业创新提供新的动力。对造纸、制革、电镀、印染、有色金属、农药、氮肥、焦化、原料药制造等企业实施清洁化改造。促使要素驱动的产业模式转向创新驱动的模式，改善产业组织结构，提高产业管理水平，提升产业基础能力和产业链现代化水平，为经济未来高质量发展奠定基础。第二，加快长江流域新兴产业与传统产业的融合，促进新产业、新模式、新业态的产生，加快高新技术对传统产业的改造，扩大高新技术产业规模，提升高新技术产业在制造业中的占比，降低能源消耗，提升生产效率，提高产品附加值。第三，加快长江沿岸制造业与新兴产业的结合，促进制造业技术升级改造和设备更新，减少单位国民生产总值能耗，推进智能制造、绿色制造，使长江流域打造出一批具有国际竞争力的先进制造业集群。

建立产业园区绿色发展评估机制。国家层面应当协同长江流域内省级人民政府组织对现有各类开发区、产业园区的发展状况开展定期评估。评估报告应当包括以下内容：资源、能源投入产出状况；实际经济效益状况；技术应用成果情况；资源、能源利用效率情况；开发区、工业园区发展趋势；产业及产品竞争力；生态环境保护情况等其他需要评估、论证的项目。县级以上人民政府应当根据评估报告对开发区和工业园区产业及应用技术进行优化调整。工业园区应当建设专门的工业污水集中处理设施，集中处理污水。排放有毒污染物的工业企业应当进行环境监测和环境风险评估。

第二章

长江流域保护与发展的共性与个性关系把握

一、长江流域保护与发展的共性与个性关系考量的依据

我们要想科学地确定和处理好长江流域保护与发展的共性与个性关系，首先要把握住长江流域保护与发展的共性事项，其次也要把握好长江流域保护与发展的个性事项，充分发挥地方的主动性、积极性、创造性。共性和个性事项的把握，需要认真考虑和衡量长江流域的相关情况和因素，主要包括以下方面。

（一）总书记指示精神和党中央战略部署

长江流域与长江经济带不是完全等同的范畴，但是二者的主要地理范围、基本发展状况、根本建设思路等方面是相一致的。由于长江经济带发展战略是重大国家战略，习近平总书记以及党中央对长江经济带发展作出过许多重要的指示和部署，形成了长江经济带发展的根本遵循。习近平总书记对长江经济带发展的重要指示精神和党中央对长江经济带发展的重要战略部署，也是我们思考和对待长江流域保护与发展的重要参考，有很多内容可以作为长江流域的政策依据。

（二）长江流域独特的自然生态系统

长江全长6300多公里，为世界第三大河流，流域面积180万平方公

里，横跨东、中、西部三大经济区，具有完备的自然生态系统、独特的生物多样性，蕴藏着丰富的野生动植物资源、矿产资源、水资源、水能资源，全国大部分淡水湖分布在长江中下游地区，是我国重要的战略水源地、生态宝库和重要的黄金水道，地位十分重要。

（三）长江流域面临的污染和侵害

长江生态价值巨大，但却面临着严重的污染和侵害。部分河湖断流严重、生态功能退化、生物完整性指数到了最差的“无鱼”等级，一些生物群落及其栖息地破坏严重；岸线、港口乱占滥用问题突出；部分区域土壤污染、水土流失、水污染仍较严重，重要湖库仍处于富营养化状态，30%的环境风险企业位于饮用水水源地周边 5 公里范围内、污染产业向中上游转移，跨区域违法倾倒危险废物呈多发态势，面源污染加剧；“化工围江”问题仍未根本扭转；生态建设、环境治理和绿色发展明显不足。

（四）长江流域治理“九龙治水”困局

长江流域涉及 19 个省、自治区、直辖市，保护与发展又涉及多个领域、多个部门、多个地方，进行全流域统筹协调存在着难度很大的挑战。长期以来，统分结合、整体联动的工作机制尚不健全，管理体制条块分割、部门分割、市场分割、多头管理、交叉管理、重复管理比较严重，干支流、左右岸、上中下游协同治理能力严重不足，中央与地方、部门与部门、流域与区域、区域与区域之间的关系亟待理顺，地方保护主义、各自为政、无序竞争、恶性争夺等问题亟须破解。

（五）长江流域科学规划不到位

长江流域地理范围广阔、管理涉及部门众多、保护与发展牵涉因素复杂，为此，非常需要高度科学的顶层设计和各项规划。虽然出台了多个与长江流域高度相关的长江经济带发展规划文件，但是，既有规划难以满足长江经济带或长江流域的发展需要，规划的科学性、整体性、系统性、深入性、有效性仍需大幅度加强，最近几年长江经济带或长江流域的问题仍较严重也反映出科学规划及其实施存在严重的不到位问题。

二、长江流域保护与发展的共性事项把握

科学把握好长江流域保护与发展的共性事项非常重要，把握好了共性事项，长江流域保护与发展的主要问题就能够得到有效解决了。依据上面长江流域保护与发展的共性与个性关系考量的依据，共性事项主要包括以下方面。

（一）生态优先、绿色发展

这是长江流域保护与发展的总方针、总原则，长江流域的一切活动贯彻落实生态优先、绿色发展，高质量发展才有保障。之所以把生态优先、绿色发展定为重要的共性事项，是因为任何地方、任何单位的保护和发展，都需要坚持和贯彻执行生态优先、绿色发展。而在实践中，虽然很多地方都在喊生态优先、绿色发展，但是，实际的做法并非如此，而且，有较多的做法还在伤害生态环境，还在走过去高消耗、高排放、高污染的老路子。

（二）共抓大保护、不搞大开发

强调共抓大保护、不搞大开发，是要防止一哄而上，刹住无序开发、破坏性开发和超范围开发，实现科学、绿色、可持续的发展，实现经济社会发展与人口、资源、环境相协调。之所以把共抓大保护、不搞大开发作为长江流域的重要共性事项，是因为如果长江流域的所有地方和部门都严格地执行共抓大保护、不搞大开发，那么，长江流域的主要问题也就能够解决了。在实际的建设中，往往高度重视开发问题，经济增长挂帅，造成搞大开发、不抓保护的实际情况。

（三）服从“一盘棋”统筹协调

长江流域涉及 19 个省、自治区、直辖市，管理治理涉及多个部委部门，生态与经济建设又涉及水、路、港、岸、产、城和生物、湿地、环境等多个方面，各个地方、各个部门、各个主体需要树立“一盘棋”思维，

执行“一盘棋”方案，推进和实现高度统筹协调。长江各个地区都必须打破自家“一亩三分地”的思维定式，从整体出发，实现错位发展、协调发展、有机融合，形成整体合力。在实践中，各地各自为战的想法和做法是比较普遍的，严重妨碍了长江流域的整体建设和发展。

（四）贯彻实施科学规划

党中央、国务院历来高度重视长江保护治理的规划工作，在很多领域也形成了丰富的规划体系。然而，规划工作仍赶不上发展的需要。当前，既保障长江流域生态安全和生态建设，又保障长江流域绿色发展和高质量发展，需要更加科学、更加系统、更加深入的规划和顶层设计。目前，应该遵循“多规合一”“一张图”“一盘棋”等思路和要求，开展和健全长江流域统一的国土空间规划，并以长江流域国土空间规划统领水资源利用、水污染防治、岸线使用、航运发展等方面的空间利用任务，促进经济社会发展格局、城镇空间布局、产业结构调整与资源环境承载能力相适应，确保形成整体顶层合力。

（五）建立健全正负激励

长江流域以及长江经济带在大保护方面一直存在着较为严重的问题，一个关键的因素是缺乏必要的正向激励和负向处罚。对于一个地方而言，因经济发展破坏了生态环境，要么不会受到处罚，要么处罚比较轻微；投入大量的资源，把环境保护好了，生态建设好了，也没有足够的奖励；相反的是，如果因生态环境建设而耽搁了经济增长，反而有可能不利于当地领导的评价和升迁。要科学建设好长江流域，必须建立健全激励机制和处罚机制，实施足够的奖励和足够的处罚。

（六）注重整体性和系统性

关于整体性和系统性，除了前文提到的长江流域涉及地区和部门众多，以及生态和经济建设涉及水、路、港、岸、产、城和生物、湿地、环境等多因素之外，还有相关的事项，务必注重整体性和系统性。比如，对生态环境的监测与评价不能只关注水体理化指标的监测和水中生物群落结构的变化，还需要建立生物完整性指数；长江上中下游经济开发不能孤立开发，需要有序开发；山水林田湖草是一个生命共同体和生态系统，不能分开对待。

三、长江流域保护与发展的个性事项把握

（一）个性事项的界定与阐释

在前面部分阐释了长江流域保护与发展的共性事项，完全从共性事项的角度来看待长江流域保护与发展是不全面的，也不利于工作的实际开展，尚需要看到长江流域保护与发展的个性方面，把握好个性事项，能够更好地推动实际工作的开展。那么，如何认识长江流域保护与发展的个性问题，或者说，什么是长江流域保护与发展的个性事项，既是一个重要的思想认知问题，也是一个重要的工作开展方式。概括地讲，长江流域保护与发展的个性事项是指长江流域 19 个省份，每个地方的生态环境、资源禀赋、经济发展、人口状况等因素存在很大差异，在保护和发展方面，各个地方不应该采取同一的保护措施和发展措施，而应该根据每个地方的生态环境、资源禀赋、经济发展、人口状况等因素差异采取适合当地发展的措施和思路，各个地方差异化的措施和思路，就是所谓的个性事项问题。

下文选取长江流域几个典型的差异方面进行了分析，能够看出不同地方在产业绿色发展水平、污染物排放、水资源利用等方面存在显著的差异，那么，治理思路和措施，以及发展经济的思路和措施，在不同的地方应该有所不同，而不是一刀切的方式。影响个性事项的因素很多，但有些是主要因素，比如有些地方财力有限，而生态资源丰富，同时生态资源又难以转化为生态产业，那么该地方进行生态建设的资金模式就应该主要依靠转移支付，而不是当地财政；同时，该地方的建设模式应是生态保护和建设为主，而不是发展为主。在长江流域的保护与发展的规划和实施中，就应该充分考虑和尊重该地方的个性事项，否则，如果强调保护，还强调发展，就容易误导甚至迫使该地方想方设法去发展经济。

（二）长江流域差异分析

1. 产业绿色发展水平差异

高红贵、赵路（2019）以长江经济带产业绿色发展为研究视角，从产业转型升级、自主创新能力、资源利用效率和环境保护4个方面构建长江经济带产业绿色发展评价指标体系，运用长江经济带11省市面板数据，对长江经济带产业绿色发展水平进行测度，衡量不同地区之间的差异，数据如表2-1所示。

表2-1 长江流域部分省市产业绿色发展指数

地区	2011年	2012年	2013年	2014年	2015年	2016年
上海	0.23	0.17	0.28	0.31	0.32	0.36
江苏	0.29	0.27	0.12	0.23	0.25	0.21
浙江	0.34	0.28	0.30	0.33	0.22	0.37
下游平均	0.29	0.24	0.23	0.29	0.26	0.31
安徽	-0.17	-0.21	-0.15	-0.05	-0.04	-0.06
江西	-0.22	-0.22	-0.27	-0.02	-0.13	-0.07
湖北	-0.14	-0.16	-0.11	-0.07	-0.05	-0.02
湖南	-0.20	-0.30	-0.32	-0.35	-0.35	-0.31
中游平均	-0.19	-0.22	-0.21	-0.12	-0.14	-0.12
重庆	-0.28	-0.23	-0.12	-0.19	-0.17	-0.21
四川	-0.29	-0.24	-0.31	-0.33	-0.33	-0.31
贵州	-0.40	-0.28	-0.27	-0.20	-0.23	-0.22
云南	-0.36	-0.29	-0.34	-0.21	-0.22	-0.14
上游平均	-0.33	-0.26	-0.26	-0.23	-0.24	-0.22

资料来源：根据高红贵、赵路（2019）研究整理。

从省级层面看，11省（市）产业绿色发展整体水平呈上升趋势的省（市）分别为上海、浙江、安徽、江西、湖北、云南，呈下降趋势的省（市）分别为江苏、湖南、重庆、四川、贵州，上升和下降幅度最大的省

（市）分别为湖北和湖南。由此可见，11 省（市）产业绿色发展整体水平呈现一定的波动性。此外，产业绿色发展水平平均得分前三位的省（市）分别是上海、浙江、江苏，这 3 个省（市）全部来自下游区域，而产业绿色发展水平平均得分后三位的省（市）主要集中于中上游地区。由此可以看出，长江经济带产业绿色发展相对较高和较低的地区分别集中于长江经济带下游与长江经济带上游。造成上述现象的原因是多方面的，上海、浙江、江苏等省（市）一直是我国经济发展的先进带头区，集聚了充足的科技、人才资源，已进入创新驱动阶段，产业绿色发展水平较高。特别是湖北武汉，依靠科技、人才资源优势“一城独大”，因而湖北省产业绿色发展水平上升幅度最大。四川、湖南、云南等省（市）由于起步较晚，地区整体发展水平落后，资源要素匹配不够完善，绿色机制健全程度低于其他地区，产业发展以能源驱动为主，发展后劲和潜力巨大，有待进一步挖掘。

从区域层面看，上、中、下游地区产业绿色发展状况为下游地区优于中游地区，中游地区优于上游地区。依据现实情景，下游区域一直是中国最发达地区，经济、文化、科技、教育水平较高，而上游地区一直落后于中、下游地区，其经济、文化、科技、教育等方面一直低于全国平均水平。特别是下游地区“低消耗、低污染、高效率”的集约型经济发展方式，以及其在资源、地理位置上的区位优势和教育、科技、政策优势，产业绿色发展起到了关键作用，而上游地区粗放型经济发展方式一直未得到有效改善。由此可见，所测算的结果同现实中多数学者得出的“下游地区最优、中游地区次之、西部地区较差”的研究结论较为吻合。近年来，推动长江经济带发展既是国家战略布局重点，也是构建现代化经济体系的主力军，经济增长和人民物质文化生活水平提高促使消费更加偏好于服务型产业，同时对高质量资源和环境需求不断攀升。另外，环境的库兹涅茨曲线（EKC）表明，在经济增长过程中，资源开发利用与环境质量之间的关系呈现先上升后下降的倒“U”型关系，较为合理地解释了现阶段长江经济带产业绿色发展趋势。

结合省级和区域层面可以看出，产业绿色发展整体水平从上游地区到中游地区再到下游地区逐渐上升，并且在各区域之间呈边缘化，区域内部呈趋同现象。其中，下游地区和中游地区发展水平上升趋势较为显著，产业绿色发展潜力巨大，上游地区发展水平呈现下降趋势，其产业绿色发展总体水平有待进一步提高。另外，根据测算结果可以看出，11 省（市）产业绿色发展态势在空间上呈现出一定的集聚特征。因此，正确分析长江经济带产业绿色发展水平的集聚特征和空间差异性，研究各区位单元在空间上的分布规律，发现长江经济带产业绿色发展过程中的问题并探索具有可操作性的解决方法，对促进长江产业绿色发展具有现实价值。

2. 用水量差异

有关学者对长江流域不同地区的用水差异做过研究，比如张陈俊等（2018）对长江经济带水资源消耗时空差异做了量化研究，采用 LMDI 方法，将用水量的时空差异分解为经济规模效应、产业结构效应和技术进步效应，用水强度的时空差异分解为产业结构效应和技术进步效应。比较对象的选择是用水量空间差异驱动效应分解的前提，根据 11 省（市）用水总量的大小，选择用水总量最小的重庆作为比较对象，因此，便有 10 个比较组别，用水总量空间差异驱动效应的分解结果如表 2－2 所示，限于篇幅，仅列出 2000 年和 2015 年的因素分解结果。

表 2－2　　长江流域部分省（市）用水总量空间差异

组别	经济规模效应	产业结构效应	技术进步效应	总效应
上海—重庆	75.75～49.35	－31.59～－62.60	7.89～38.35	52.05～25.10
江苏—重庆	287.37～342.50	－13.99～－25.75	115.90～177.85	389.27～494.60
浙江—重庆	136.70～112.57	－17.97～－14.97	26.10～5.10	144.82～102.70
安徽—重庆	48.61～41.18	19.81～36.61	51.93～128.12	120.36～205.90
江西—重庆	12.72～－11.95	19.67～44.75	128.92～132.90	161.31～165.70
湖北—重庆	90.72～78.71	8.23～25.40	115.32～118.59	214.27～222.70
湖南—重庆	98.15～80.58	21.12～38.27	140.36～130.85	259.63～249.70
四川—重庆	88.49～91.58	17.53～39.32	46.19～51.60	152.20～182.50
贵州—重庆	－37.33～－63.10	11.46～24.39	53.71～57.62	27.83～18.90
云南—重庆	10.22～－23.83	13.35～41.82	67.21～51.91	90.78～69.90

注：～左边和右边分别表示 2000 年和 2015 年效应分解结果。
资料来源：根据张陈俊等（2018）研究整理。

根据表2-2，在2000年和2015年，江苏与重庆用水总量的差异都是最大，分别达到389.27亿立方米和494.60亿立方米，贵州与重庆的差异都是最小，分别为27.83亿立方米和8.90亿立方米，江苏分别是重庆的14倍和26倍。各省份技术进步效应都为正值，表明这些省份产业用水强度都高于重庆，不利于用水总量下降以缩小用水量空间差异，2000年和2015年最大值分别为湖南、江苏，最小值分别为上海、浙江。长江三角洲地区（上海、江苏和浙江）产业结构效应在2000年和2015年都为负值，表明与重庆相比，产业结构更加高级化，有利于促进用水总量下降以缩小用水量空间差异，而其他省份产业结构则比较低级。在2000年，贵州的经济规模效应为负值，因为GDP比重庆少761.08亿元，而其他省份的GDP都大于重庆，引致经济规模效应为正值，推动用水总量上升，最大的省份是江苏；在2015年，江西、贵州和云南3个省份的经济规模效应为负值，而其他省份都为正值，最大的省份还是江苏，足以见得江苏经济之发达。

所得出的总体研究结论包括：技术进步、产业结构调整是抑制用水量上升和促进用水强度下降的主次因素，而经济增长始终推动用水量上升；三次产业用水效率普遍提高和第一产业比重下降，有力促进了用水量和用水强度下降；与重庆相比，其他省份产业用水强度始终较大，尤其是第一、二产业，不利于用水量空间差异的缩小，长江三角洲省份产业结构更加高级缩小了用水量空间差异；与上海相比，其他省份第三产业用水强度始终较大和产业结构低级扩大了用水强度空间差异；水资源消耗时空差异之间存在相互转换的关系。因此，用水量控制应该围绕提高用水效率和优化产业结构，还需要辅助于经济、制度等手段，同时，根据三次产业特征差异而有所侧重；各省份选定参照对象后，依据空间差异驱动效应情况，提出适用的节水对策。

3. 污染物排放强度差异

污染物减排作为环境污染治理的重要环节，对生态环境质量的改善与环保基础设施建设水平的提升均具有积极的促进作用。学术界普遍使用污染物排放强度作为反映单位新创造经济价值的环境负荷量的衡量指标。围绕着污染物控制与减排制度的设计研究，杨玉峰和傅国伟（2001）基于国家宏观层面对各区域污染物排放总量的分配原则进行探索，指出我国的分配方案应充分考虑到区域间的差异特征；王媛等（2008）将基尼系数运用到水污染总量的分配中，设计出各区域水污染排放的初始分配方案，为推进排污许可证交易制度建立提供理论依据；张文静等（2015）引入人口、GDP、水环境容量等多维度指标对污染物总量分配的方法进行优化；周申蓓和齐文韬（2017）从企业微观层面，运用联合确定基数探讨了在合作协商下的企业污染物减排模式。要达到控制、减少污染物排放的目标必须建立在对地区范围内污染物排放的准确测量基础上，宋修霖等（2015）对我国当前污染物核算中环境监测数据的使用以及核算的标准两大方面提出了改进思路；在污染物减排的绩效考核方面，徐广华等（2011）对污染物总量减排的考核原则与考核思路提出了几点思考，为构建污染物减排的绩效考核体系奠定了理论基础；董圆媛等（2015）选择 27 个指标对太湖流域水污染总量减排进行绩效评估，为推进流域水污染物减排的绩效考核作出了重要贡献。实证研究方面主要是侧重单一或多种污染物排放强度水平的评价与其影响因素。苏丹等（2010）选取化学需氧量、废水量和氨氮污染物，运用均方差赋权法对辽河流域的工业废水的污染物排放强度进行分析评价；陈媛媛和李坤望（2010）基于 36 个工业行业的面板数据，探究在开放条件下，影响污染物排放强度的主要因素；王超等（2015）对海河流域各区域主要的污染物来源与污染物组成结构进行对比分析，为海河流域的产业布局提出对策建议。此外，在研究污染物排放强度的地区差异方面，陈一萍等（2014）基于福建省 2007 ~ 2012 年主要污染物排放数据，采用密切值法对其年际差异与地区差异进行了计算分析；董小林等（2017）采用熵权 TOPSIS 方法对陕西省各市的工业污染强度的差异性进行综合评价并提出相关的减排建议。

王宇昕等（2019）依据袁晓玲等（2009）、刘亦文等（2016）的处理方法，将长江经济带各省市每年污染物指标的排放量作为基础变量，对其标准化处理后运用熵权法确定各个变量所占的权重，进而求出各省市每年的污染物排放水平。此外，通过平减指数计算求出各省市每年的实际 GDP 值。最后计算各省市每年污染物排放水平与所对应的实际 GDP 的比值，得到各省市每年的污染物排放强度，相关数据来源于《中国环境统计年鉴》和各省市统计年鉴。计算的污染物强度可以理解为各省市在生产每单位 GDP（万元）所需排放的污染物数量，计算结果如表 2－3 所示。

表 2－3　　11 省市污染物排放强度值

地区	2006 年	2007 年	2008 年	2009 年	2010 年	2011 年	2012 年	2013 年	2014 年	2015 年
上海	0.024	0.027	0.029	0.025	0.025	0.033	0.028	0.026	0.022	0.023
江苏	0.040	0.043	0.044	0.041	0.042	0.062	0.056	0.059	0.053	0.056
浙江	0.024	0.029	0.031	0.029	0.028	0.037	0.035	0.034	0.032	0.034
安徽	0.097	0.118	0.146	0.144	0.143	0.222	0.213	0.212	0.191	0.229
江西	0.184	0.203	0.199	0.198	0.190	0.283	0.256	0.266	0.222	0.244
湖北	0.068	0.076	0.078	0.076	0.085	0.118	0.107	0.115	0.099	0.104
湖南	0.061	0.076	0.071	0.071	0.073	0.131	0.114	0.110	0.087	0.097
重庆	0.065	0.079	0.073	0.073	0.076	0.109	0.095	0.098	0.083	0.083
四川	0.105	0.135	0.125	0.105	0.128	0.182	0.173	0.185	0.167	0.159
贵州	0.304	0.322	0.279	0.313	0.329	0.384	0.345	0.348	0.269	0.269
云南	0.174	0.214	0.231	0.229	0.234	0.542	0.451	0.447	0.356	0.381

资料来源：根据王宇昕等（2019）研究整理。

而后对污染物排放强度做统计分析，如表 2－4 所示。除上海和贵州出现不同幅度的下降之外（下降幅度分别为 6.54% 和 11.68%），其余九省市的污染物排放强度呈现不同幅度的上升。其中增长幅度最大的为安徽，由 2006 年的 0.097 上升至 2015 年的 0.229，增长率达 136.49%，紧随其后的分别是云南、湖南、四川、湖北等。虽然江西、江苏和浙江作为增长幅度最小的三个省份，但其污染物排放强度的增长率也均超过了 30%，这说明相比于 2006 年，2015 年长江经济带整体的污染物排放强度水平更高。此外，从各省市十年的污染物排放强度平均值来看，最高的前三位省市分别是云南、贵州和江西，分别达到 0.326、0.316 和 0.224，比最低的上海高出 10 倍左右，即云南每万元 GDP 所排放生产、生活的污染物量约是上海的 12 倍。

表 2－4　　11 省市污染物排放强度排名

地区	平均值	平均值排名	变化幅度	变化幅度排名
上海	0.026	11	－6.54%	10
江苏	0.049	9	39.37%	7
浙江	0.031	10	39.93%	6
安徽	0.171	4	136.49%	1
江西	0.224	3	32.40%	8
湖北	0.093	6	51.55%	5
湖南	0.089	7	58.77%	3
重庆	0.083	8	28.51%	9
四川	0.146	5	51.90%	4
贵州	0.316	2	－11.68%	11
云南	0.326	1	118.63	2

资料来源：根据王宇昕等（2019）研究整理。

从现有学者的研究分析来看，造成上述显著的省域差异的原因是多方面的，其中最主要、直接的原因是云南、贵州等上游地区以及江西等中游地区的 GDP 总量产值远低于上海、浙江等下游地区，其之间的 GDP 数量差距远大于其之间的污染排放差距。如云南在 2006 年和 2015 年的污染物排放总量分别占当年长江经济带污染物排放总量的 10.76% 和 15.18%，但其 GDP 产值仅分别占当年长江经济带 GDP 生产总值的 4.33% 和 4.39%；再如贵州在 2006 年和 2015 年的污染物排放总量分别占当年长江经济带污染物排放总量的 10.73% 和 7.56%，但其 GDP 产值分别占当年长江经济带 GDP 生产总值的 2.47% 和 3.13%，这反映出云南、贵州等上游地区在生产、生活过程中新创造单位 GDP 的环境负荷量比较大，经济、社会与生态环境的耦合度不高。另外，长江经济带各省市产业结构的异质性、环保基础设施建设水平的不均衡、生态环境治理的制度差异等诸多因素也是造成省际污染物排放强度存在较大差异的重要原因。

四、长江流域保护与发展的共性与个性关系处理

（一）长江流域所有地方要统一地贯彻落实共性事项

长江流域涉及 19 个省、自治区、直辖市，无论是哪个地方，都应该统一地执行共性事项：生态优先、绿色发展，共抓大保护、不搞大开发，服从“一盘棋”统筹协调，贯彻实施科学规划，建立健全正负激励，注重整体性和系统性；同时，长江流域相关的中央部门、国家部委以及其他管理机构，对长江流域的管理和协调也都要遵循共性事项。所有的地方、所有的部门、所有的企业、所有的人员、所有的环节都遵循和执行长江流域保护与发展的共性事项了，长江流域的生态和经济才能做到健康发展、高质量发展。

（二）长江流域要根据地方差异性确定好并落实好个性事项

长江流域在开展保护与发展的实际工作中，需要依据每个地方的生态环境、资源禀赋、经济发展、人口状况等因素的差异性和特殊性，确定相应的保护措施和发展措施，这样才能更好地推进长江流域的保护与发展工作。长江流域的个性事项、各个地方保护与发展的具体措施与思路，需要充分调动地方的积极性和主动性，因地制宜地制订出适合当地的政策方案；同时，主管部门需要做好监管以及把关工作，要防止地方上虚报情况，索要对当地有利的政策和条件。通过合理的方式确定出长江流域各个地方的个性事项，才能更好地推进长江流域生态和经济健康发展、高质量发展。

（三）不要曲解个性并妨碍共性的贯彻落实

长江流域保护与发展的共性与个性本是相互统一的，共性事项的落实有利于个性事项的建设，个性事项的建设也有利于共性事项的落实。比如长江流域所有地方都必须重视生态修复、保护和建设，这是共性事项，某一地方生态资源丰富经济落后，而生态环境又遭受了破坏，需要足够资金

建设生态，这是个性事项；在所有地方都高度重视生态优先的情况下，单个地方的生态建设才能够得到合理的生态资金补偿，同时，每个地方的生态建设都做实的话，长江流域的整体生态才有可能保护好、建设好。然而，在实际中，往往会出现一些地方以自身的特殊性而放松对共性事项的执行。比如，有些地方强调当地经济落后，发展具有极大的紧迫性和重要性，需要把生态优先、不搞大开发先放一放，优先发展经济；经济发展起来了，才有实力建设生态。这种现象要不得，既是对个性问题的误解和曲解，也是假借个性问题来变相地不执行共性事项。需要采取措施规避和处罚这种做法。

（四）共性与个性关系处理需要《长江保护法》立法来保障

长江流域保护与发展共性事项的贯彻落实，以及个性事项的合理确定与实施，都需要立法来保障，否则，各个地方在当地利益的驱动下，很多事项难以在实际建设中得以落实。共性与个性事项在长江流域的建设中得到科学地执行，需要建立相应的处罚机制以及奖励机制，执行得好的地方，要给予表扬和奖励；违背的地方，要进行足够严厉的处罚。要做到这些，必须依靠制度和法治。进一步地，需要建立健全充分反映资源消耗、环境损害和生态效益的评价考核制度、奖励处罚制度和责任追究制度，对建设责任落实不到位、损害责任追究缺失、无度开发与使用自然资源、不顾生态环境盲目决策等问题，必须追究责任，并严厉处罚。

从中央到地方层面如何具体落实好保护与发展的共性与个性之间的关系？对于共性事项，应由中央及国家部委进行统筹协调、监督实施，并落实奖励与处罚；对于个性事项，差异性、特殊性达到较大程度的地方，可以提出推行特殊政策方案的要求，但需要向国家有关部门审批，首先，对当地情况最为熟悉的地方政府要判断当地特殊情况是否足够提出在当地推行特殊政策，而后提出适合当地的发展政策和建设方案，其次，中央及国家部委要进行审核和把关，确定地方政府的政策方案是否属实、是否科学、是否符合整体规划，而后进行指导地方方案的落实，并提供必要的帮助。

第三章

通过主体功能区划推动共性与个性关系平衡

一、长江经济带发展成效

推动长江经济带发展座谈会为新时期的长江经济带区域发展明确了目标、指明了方向、提供了方法。可以看到，四年来，长江经济带顶层设计不断强化、生态环境持续改善、产业转型创新持续向好，各项建设都取得了积极成效。

（一）顶层、中层设计基本完成

顶层设计指的是《长江经济带发展规划纲要》，这是长江经济带发展的总规，更是纲领性文件。中层设计指的是国家有关部委和沿江11省市针对规划落实，制定了一系列专项规划、政策文件和实施方案。如：水利部《长江岸线保护和开发利用总体规划》《长江经济带发展水利专项规划》《长江经济带沿江取水口、排污口和应急水源布局规划》、生态环境部《长江经济带生态环境保护规划》等专项规划，还有各省市陆续制定的《长江经济带发展规划纲要》实施方案。至此，长江经济带“1+N”模式的规划政策体系已经形成，规划引领的先导作用在发展过程中被充分运用。此后，随着我国首部流域法的法律文件《长江保护法》的出台和实施，长江经济带有望形成“1+N+1”的规划政策和法律体系。

（二）生态环境保护修护持续改善

长江经济带生态资源禀赋、生态系统独特、生物种类繁多，是我国重要的生态屏障区。在“共抓大保护　不搞大开发”政策指引下，一系列针对生态环境保护修护的专项行动得以有效开展，其中“4+1”工程取得明显成效。国家发展改革委2019年11月底的数据显示，长江经济带优良水质比例达82.5%，优于全国平均水平，劣V类比例为1.2%。长江干线非法码头已彻底整改1361座，1318万亩土地造林绿化，长江生态屏障得以巩固。

（三）经济指标稳步提升

四年来，长江经济带经济增长态势较好，基本处于中高速水平，经济总量逐年提升。2017年长江经济带地区生产总值从2016年的33.3万亿元增加到37.38万亿元，增量4.08万亿元；2018年长江经济带地区生产总值40.30万亿元，增长7.4%；2019年长江经济带地区生产总值45.78万亿元，增长6.9%，总量已占全国的46.20%。

（四）创新驱动发展持续向好

自主创新取得突破。长江经济带多省市加快全面创新改革试验。上海、湖北、重庆、四川等省份走在前列，国家自主创新示范区、国家级科技创新平台（中心）、综合性国家科学中心、创新型省份加快建设。产业转型升级不断加快。一产、二产、三产结构不断优化，三产发展趋势最佳，现代工业体系逐步形成。2019年，沿江11省市30个战略性新兴产业集群获国家发展改革委重点支持建设。

（五）开发开放程度不断深化

从我国开发开放的宏大蓝图中可以看出，长江经济带对外通过“一带一路”“陆海新通道”等，衔接广袤的欧亚内陆和南亚、东南亚等辽阔海洋，对内辐射京津冀、粤港澳大湾区，联动新一轮西部大开发，开发开放格局不断深化。据统计：2019年前11月，沿江11省市开行中欧班列

4685列，同比增长32%，占全国总列数的63%。前10月，北部湾到成渝等地的铁海联运班列达1713列，发运集装箱8.57万标箱，超过2018年全年的总和，西部陆海新通道为长江上游地区开放发展注入新动能。目前，我国已挂牌的18个自贸区中，有7个（其中2019年新批复设立2个）位于长江经济带，这是长江经济带对外开发开放的重要平台和窗口，是推动区域经济“引进来”和“走出去”的主要支撑。

（六）综合立体交通走廊加快建设

四年来，长江经济带“铁水公空”多式联运协调发展，有效促进了区域内外交通互联互通，现代化综合立体交通走廊基本成型，“黄金水道”的优势和效益开始显现。

目前，长江航道航运能力明显提升，数据显示：5万吨海船可直达南京，万吨轮船可达武汉，3000吨级船舶可常年通达重庆。沿江港口、综合保税区协同发展力度加大，航运效率获得提高，运输成本进一步降低。

（七）共抓大保护形成强大合力

一是在国家生态环境保护修护的严要求下，长江经济带生态环境突出问题绝大部分已经得到整改，生态系统发挥出对经济增长的强有力支撑。二是建立健全国土空间管控机制，划定54.42万平方公里生态保护红线，占带内国土面积的1/4。三是生态补偿机制探索初见成效，一方面，建立省内生态补偿机制，另一方面，签署横向生态补偿协议，如云贵川、浙皖等。四是三峡集团、国家开发银行等多家央企或金融机构积极参与共抓大保护工作，提供稳固的金融支撑。

二、长江流域仍存在的问题

（一）生态环境形势依然严峻

长江流域生态环境质量明显改善，但形势依旧严峻。一是资源浪费严重，利用率不高，特别是重复利用率和再生利用率低。以能源为例，综合利用效率仅为33%左右，比国际先进水平低近10%。二是环境污染仍较严重。水污染问题尤为突出，空气质量不容乐观，土壤污染、垃圾污染难以根治。三是森林面积大幅下降、湿地面积锐减、生物多样性减少、水土流失等生态系统退化现象明显。四是长江上游生态屏障区建设滞后，缺乏专门的规划与部署，建设管理主体不清晰，缺乏统筹协调，考核评价机制缺失，且上游多属限制开发区或禁止开发区，经济发展较为落后，关停或技改流域污染企业困难较大。五是协调机制不健全，生态补偿问题难以有效解决。现有生态补偿指标理论性较强，难以明确代表性和操作性，且多以资金补助为主，市场化较弱，补偿效果有限。加之，沿江11省市相互间区域关系复杂，难以确定补偿归属问题。

（二）产业转型升级任务艰巨

长江流域产业布局不尽合理、转移升级任务艰巨。一是区域发展程度不均衡。长江流域横跨我国地理三大阶梯，资源、环境、交通、产业基础等差异较大，地区间发展差距明显。二是区域间经济发展联动性不足。在不平衡发展战略指导下，珠三角、长三角、京津冀等地率先开放发展，但“中部崛起战略”尚未取得显著成效。三是产业布局不尽合理，产业结构趋同。产业遍地开花带来了恶性竞争和产能过剩，企业规模在低效率基础上趋向小型化、分散化，造成分工效益和规模效益双重损失。四是过度开发导致生态严重超载，环境污染严重。城市无序扩张、环保设施严重滞后导致生态承载能力严重超载，重化工业发展加剧了生态环境保护难度，城镇生态功能低下，人居环境恶化。五是产业转型与结构升级难。长江流域集中了较多高耗能、高排放的重型化工业，包括硫酸、化纤等，以及机械、冶金、服装加工等行业，这些传统行业需要大量的资金、技术进行升级改造，其专用性资产及产品升级改造十分困难。

（三）区域协调机制和一体化发展不足

长江流域各自为政现象依然普遍，区域协调发展良好氛围还未形成，一体化发展不足。从区域协调机制来看，国家层面，已经出台《长江经济带发展规划纲要》《全国主体功能区规划》《全国生态功能区划》等，但既有规划对区域合作保护与开发的关系没有给出明确的界定，现有研究对科学发展的内在逻辑缺乏精准而清晰的认识；地方层面，各省市出台的政策和创新举措主要涉及自身的经济、社会发展及生态环境保护等内容，虽然一定程度上也促进了区域协调发展，但相互间的协调发展政策与举措较少，合作计划虚多实少，还没有形成区域协调发展良好氛围。从一体化发展来看，一体化程度不足制约了长江流域增长潜力的充分发挥。主要受到“行政区经济”的负面效应，如“各自为政”的发展导向，经济碎片化明显，市场分割、产业同构、低效竞争等问题突出。

（四）发展风险时有加剧

化工安全事故频发是长江流域发展不可忽视的风险之一。实践表明，入园靠海不是解决长江流域“化工围江、化工围城”的最佳措施，仍面临重大风险。原因在于：一是带内化工产业密集度高。长江流域拥有全国两大化工群带，还分布着五大钢铁基地、七大炼油厂，岸线侵占比较严重。二是带内化工产业仍存在恶性发展。部分地方政府仍然看重经济增长指标，在招商引资上，忽视环保问题，引入产值大、利税高、发展带动效应强的能源重化工业，以及其他污染较为严重的企业。三是化工行业属高风险源，安全事故成本难以估量。化工特大事故是环境、生态的双重灾难，必须时刻警惕和加强防范，既要掌握已有化工企业的安全状况，部署风险防范措施，加强监管，也要关注流域的特殊性，上游特大污染不可避免地波及整个下游，要建立应急处理机制，做好应对举措。

长江流域“化工安全”潜在危机尤其不容忽视：

（1）长江经济带化工产业密集度高。虽然长江流域在化工围江、化工围城问题的解决上取得了一定的成效，但是，目前整个长江流域的化工产业密集度仍很高。长江流域占了全国五大化工群带中的两席，分别是以上海、南京、苏州等为中心的长三角石油化工区和以四川、重庆等为中心的天然气化工区。长江流域还分布着五大钢铁基地、七大炼油厂。化工产业对长江岸线的侵占也比较严重，比如，长江沿岸在南京到上海的较短距离内，就有 8 个大型临港化工区；再比如，江苏的能源重化产业 80% 集中在长江沿岸，长江流域其他省份也基本如此。

（2）长江流域化工产业仍存在恶性发展。虽然大家都知道长江流域的生态环境定位极高，化工产业的安全与污染问题严重，但是，带内的化工产业仍存在着恶性发展的现象。一些地方政府仍然看重经济增长指标，对环境保护的重要性较多地挂在口头上或者宣传上。在招商引资上，无视环保问题，积极引入产值大、利税高、发展带动效应强的能源重化工业，以及其他污染较为严重的企业。在污染防治上，对纳税多、产值大的企业开绿灯。环保部门对污染企业进行查处、上面领导出面调解的现象时常发生。也有基层干部反映，落实长江大保护，归根结底要从源头上截污控污，而行政级别更高、话语权更大的大型企业落实主体责任不力，当地领导也无能为力。

（五）乡村金融和农村人居生活环境建设滞缓

长江流域乡村基金等创新型金融方式推广不足，农村人居生活环境遭到破坏，乡村金融和人居生活环境建设滞缓。一方面，乡村振兴离不开有效的金融支持，但在金融方式上缺乏创新驱动力，经济增长、产业发展亦出现瓶颈。目前，长江流域还没有针对性地建立乡村发展创业投资基金，导致其得天独厚的条件没有在新时代乡村振兴中发挥领头羊的作用，同时没有发挥好具有企业家精神的新型农民队伍这一关键力量，阻碍了乡村振兴进程。另一方面，长江流域部分农村地区居住条件差、生活用水受污染和破坏、养殖业污染严重、农村生态环境污染正在不断加剧、农村基础设施建设滞后、基本公共服务供给严重不足等问题尚未有效解决，人居生活环境整治刻不容缓。

三、长江流域现有功能区划的不足之处

如何处理好长江流域保护与发展的共性和个性关系问题，如何解决长江流域现有的诸多问题，以及如何破解无序低效竞争、产业同构等问题，根本的建设思路是科学界定和编制各个地方的主体功能，各个地方按照各自的比较优势、发展基础、战略突破条件确定最优的发展模式。由于各个地方的比较优势、发展基础、战略突破条件不同，各自最优模式也不会相

同，这样就能够规避地方间最严重的问题——无序竞争、产业同构、重复建设、分散投资等。

有关长江流域功能区划和发展定位的规划与研究并不少，比如国家出台的《全国主体功能区规划》《全国生态功能区划》《长江经济带发展规划纲要》等规划。这些规划对促进长江经济带发展起到了重大作用，但同时，在精准发展地位、实际发展操作等方面尚缺乏针对性更强的指导和帮助。

（一）对保护与开发的关系没有给出明确的界定

2011 年《全国主体功能区规划》发布，根据不同区域的资源环境承载能力、现有开发密度和发展潜力，统筹谋划未来人口分布、经济布局、国土利用和城镇化格局，将国土空间划分为优化开发、重点开发、限制开发和禁止开发四类。这四类开发也覆盖长江流域，然而，长江流域各个地方套用四类开发，保护与开放的界限仍不明确。比如限制开发区应该开发什么、开发到什么程度，均不清楚。

原环境保护部（现生态环境部）和中国科学院 2008 年发布《全国生态功能区划》，而后以 2014 年完成的全国生态环境十年变化（2000 ~ 2010 年）调查与评估为基础，对《全国生态功能区划》进行修编，在生态保护工作中发挥了重要作用。新修编的《全国生态功能区划》包括 3 大类、9 个类型：生态调节功能包括水源涵养、生物多样性保护、土壤保持、防风固沙、洪水调蓄 5 个类型；产品提供功能包括农产品和林产品提供 2 个类型；人居保障功能包括人口和经济密集的大都市群和重点城镇群 2 个类型。长江流域也包括在《全国生态功能区划》之中，但基于生态如何推进发展，以及生态与开发的关系没有梳理清楚。

（二）对科学发展的内在逻辑缺乏精准而清晰的认识

除了国家公布的重大规划之外，也有不少专家、学者对长江流域主体功能区进行研究，比较典型的研究成果是把长江流域划分为提升发展区、转型发展区、优先开发区、重点培育区、一般发展区、农业发展区、生态保护区和严格保护区 8 种主体功能区类型。这种分类被认为比《全国主体功能区规划》中发布的优化开发、重点开发、限制开发和禁止开发四类更细致。此外，四类划分之间缺乏必要的中间过渡类型，而且对农业发展重视不够，缺乏农业发展主体功能区域类型。然而，功能区划分的目的主要是为不同的区域找到科学的发展定位，进而实现科学发展。现有的研究对科学发展的内在逻辑挖掘不够，而且没有抓住生态与发展的彼此关系，因而，难以对功能区的科学定位和发展形成坚实的理论支撑和政策支撑。

四、编制长江流域主体功能区划的对策建议

（一）按照发展规律科学编制主体功能区划

长江流域或者长江经济带发展要走生态优先、绿色发展之路，当前和今后相当长一个时期，要把修复长江生态环境摆在压倒性位置，共抓大保护，不搞大开发。那么，对于长江而言，编制主体功能区划就需要围绕生态优先、绿色发展的建设逻辑去开展。在突出生态与发展关系的基础上，把长江区域划分为四大类：生态建设区、生态与开发协调发展区、一般开发区、高度开发区。每个地方的个性，能够通过归类，得到充分的尊重和发挥；同时，如果四大类都科学发展了，共性事项也得到了很好落实。

生态建设区：只进行生态建设，不搞任何经济开发。该区域具有典型的、重要的自然生态系统，如自然保护区、森林公园、地质公园等。

生态与开发协调发展区：生态建设很重要，首先，要进行生态建设；而后，基于生态资源发展相关产业，甚至一些产业反过来会促进生态建设；再者，也可以因地制宜地发展一些环保型产业，但这些产业不能破坏或者干扰生态环境。一般情况下，生态与开发协调发展区适宜发展现代林业、畜牧业、生物医药、食品、旅游休闲、高科技含量的加工制造业等绿色型产业。

一般开发区：只是根据自身的比较优势，发展优势产业，不追求大规模的经济开发。一般开发区的生态资源没有很高的重要性，但并不是不重视生态保护，可以按照新修编的《全国生态功能区划》落实生态保护的要求即可。这类区域也不是盲目地追求开发，只是在比较优势的方面做文章，以此规避盲目投资、重复投资、分散投资等问题。

高度开发区：推进高层次的、大规模的经济开发，努力实现高度的产

业集聚和经济集聚，打造全产业链条、系统性经济体系。一般情况下，具备良好发展条件的城市或者城市群适合划入高度开发区。非常重要的战略性产业、寻求战略突破的新兴产业、配套复杂的关联性产业等适宜在高度开发区进行发展。

生态建设区、生态与开发协调发展区、一般开发区、高度开发区的划分方式具有突出的优点：(1) 能够对重要的生态区域进行明确的保护和建设；(2) 能够有效规避产业同构、重复建设、分散投资等问题，生态与开发协调发展区、一般开发区都有针对性的开发限制，而且大规模的集中开发又限制在高度开发区，这样既有助于规避现有问题，又能提高经济集中度；(3) 能够让各个地方政府明确自身的发展思路，不再眉毛胡子一把抓。

(二) 按照主体功能确定针对性的差异化考核标准

科学编制的长江主体功能区，能否得以执行，关键在于考核。很显然，怎样考核，各级政府就怎样干；考核什么，各级政府就干什么。现行的考核方式存在明显的不足，突出地表现为：对各个地方政府缺乏针对性的考核标准，GDP 增长所占比重往往过高，这会导致各个地方政府都追求经济增长，都追求投资规模，甚至不惜牺牲环境。生态建设区、生态与开发协调发展区、一般开发区、高度开发区的划分使得长江不同区域的发展模式不同，而在实际建设过程中，尚需对各个功能区设置针对性的考核标准，以牵引地方政府按照主体功能区的发展要求去建设。

生态建设区：要制定明确的生态建设考核指标。如果生态建设没有搞好，即使取得了很大经济增长，也要进行处罚。

生态与开发协调发展区：要制定明确的推进和实现生态与开发协调发展的考核指标。如果开发与生态不协调，甚至破坏了生态，即使取得了很大的经济增长，也要进行处罚。

一般开发区：要制定明确的发展当地优势产业的考核指标。如果是盲目地开发，即使取得了很大的经济增长，也要进行处罚。

高度开发区：要制定并明确完善的产业体系、推进经济高度集聚的考核指标。如果缺乏打造深度产业链条、系统性经济体系的思路和成效，即使取得了很大的经济增长，也要进行处罚。

（三）把主体功能区划落实到具体执行主体

要把主体功能区的要求明确到具体的行政区划，具体到什么程度？每个地方、每个村庄都清楚自身的主体功能区发展要求和考核要求。这样才能使每个地方，即使是很小的地方，也都清楚自身发展的要求，而不是大家都去找投资促增长。而且，对每个执行主体要进行针对性考核，并实施正负向激励机制。

（四）实施科学的跨区域补偿

长江流域主体功能区划分为四大类型，有的功能区没有经济收入，有的则经济收入很微薄。这就需要进行跨区域补偿，确定补偿标准、补偿程序等方案，以确保经济收入欠缺的功能区在生态建设、社会发展、民生福利等方面的资金需求。如果没有科学的跨区域补偿，经济收入少的主体功能区建设是不可能落实的，而且，各个功能区不同程度的生态建设也是不可能持续的。

长江要高质量发展，规避无序低效竞争、产业同构、重复建设、分散投资等问题，就必须按照发展规律科学编制长江主体功能区划，并配套任务执行、差异化考核、跨区域补偿等措施，确保主体功能区划在实际建设中得以落地。这也是促成长江各个地区、各个城市实现错位发展、协调发展和有机融合的科学思路。

（五）长江流域主体功能区划需要立法来保障

长江流域主体功能区划从编制到实施，均需要立法来保障，否则，无论是在编制环节还是在实施环节，都会遇到困难和挑战。由于长江流域涉及的区域广泛，一些地方偏向于经济发展，那么，在编制环节就难以如实地反映当地的资源禀赋状况，而在实施环节，也会为了追求更多的经济利益而不惜牺牲生态和环境。为此，必须从立法上进行约束和规范。目前正在修订的《长江保护法》为主体功能区划获得立法保障提供了契机，可以将主体功能区划的编制与实施纳入法条。

第四章

长江流域生态补偿政策解析与对策

一、长江流域生态补偿至关重要

2005 年 10 月，中共十六届五中全会公报首次要求政府“按照谁开发谁保护、谁受益谁补偿的原则，加快建立生态补偿机制”。从此，生态补偿开始在中国全面开展。在国务院关于落实科学发展观加强环境保护的决定中也提出“要完善生态补偿政策，尽快建立生态补偿机制。中央和地方财政转移支付应考虑生态补偿因素，国家和地方可分别开展生态补偿试点”。随后，中国生态补偿进入实操阶段，各省市开始落实生态补偿相关政策。

在不同的时期和环境下，生态补偿具有不同的含义。总体而言可以分为三种，即自然生态补偿、对生态系统的补偿以及保护生态环境的经济手段。自然生态补偿指“生物有机体、种群、群落或生态系统受到干扰时，所表现出来的缓和干扰、调节自身状态使生存得以维持的能力，或者可以看作生态负荷的还原能力”。对生态系统的补偿是指人们通过采取措施确保生态环境质量或功能的行为，特别是对生态用地的占用补偿，确保一定区域内生态用地保持在稳定的水平。保护生态环境的经济手段则是 20 世纪 50 年代以来开始逐步出现并成为环境政策的焦点，指通过一定的政策手段实行生态保护外部性的内部化，让生态保护成果的“受益者”支付相应的费用；通过制度设计解决好生态产品这一特殊公共产品消费中的“搭便车”现象，激励公共产品的足额提供；通过制度创新解决好生态投资者的合理回报，激励人们从事生态保护投资并使生态资本增值。

在我国实际的生态环境保护与管理中，生态补偿的内容非常广泛，至少具有五个层面上的含义：一是对生态服务价值的付费，如一些城市对其主要水源地的补偿；二是对生态环境本身的补偿，如在《关于在西部大开发中加强建设项目环境保护管理的若干意见》中规定，对重要生态用地要求“占一补一”；三是将经济活动的外部成本内部化，利用经济手段对破坏生态环境的行为予以控制，如生态环境补偿费的概念；四是对个人或区域保护生态环境或放弃发展机会的行为予以补偿，相当于奖励或赔偿；五是对具有重大生态价值的区域或对象进行保护性投入或额外增加的成本等，包括重要类型（如森林）和重要区域（如西部）的生态补偿等。以上五种含义除了对生态环境本身的补偿之外，主要可以归纳为两类：一类是与国际概念相似的生态（环境）服务功能付费（PES），体现的是“谁受益，谁补偿”或者“受益者付费原则”；另一类则是针对中国由于资源开发造成的严重生态破坏，其治理与恢复的成本需要通过生态补偿来体现，即“谁破坏，谁恢复”或者“破坏者付费原则”。

长江是我国重要的生态宝库，山水林田湖草等生态资源丰富。长江流域森林覆盖率为41.3%，河湖、水库、湿地面积约占全国的20%，多年平均水资源总量约9958亿立方米，约占全国水资源总量的35%。目前，长江流域已经建立起以政府为主导、中央和地方两个层次的生态补偿机制。从中央来看，包括针对重点生态功能区、南水北调中线工程丹江口库区及上游地区所辖县区等重点区域和针对森林、草原、湿地、流域等重点领域的补偿。2018年，中央对长江流域重点生态功能区的转移支付达到295.58亿元，占全年中央对地方重点生态功能区转移支付总额的41%。从地方来看，长江流域各省市初步建立了以重要生态资源为保护对象、以一般性和专项财政投入为主要形式的补偿体系。同时，区域之间也开展了横向生态补偿机制的试点，如浙江和安徽开展的新安江流域生态补偿。

二、长江流域生态补偿政策梳理

（一）国家层面政策梳理

2013 年党的十八届三中全会通过的《中共中央关于全面深化改革若干重大问题的决定》第一次提出“推动地区间建立横向生态补偿制度”。2014 年、2015 年的政府工作报告均明确提到跨区域的流域生态补偿机制。2015 年 6 月，中共中央、国务院印发的《关于加快推进生态文明建设的意见》提出建立地区间横向生态保护补偿机制的要求。同年 9 月，中共中央、国务院印发的《生态文明体制改革总体方案》要求“制定横向生态补偿机制办法”。2016 年 2 月中办国办印发的《关于加大脱贫攻坚力度支持革命老区开发建设指导意见》也要求逐步建立地区间横向生态保护补偿机制。横向生态保护补偿机制建设已上升到国家战略层面。以下对重点生态补偿国家级政策进行梳理：

1. 《关于加强长江黄金水道环境污染防控治理的指导意见》

2016 年，国家发展和改革委员会、环境保护部联合印发了《关于加强长江黄金水道环境污染防控治理的指导意见》（以下简称《意见》），明确将充分发挥市场机制作用，建立长江经济带生态保护补偿机制。将修复长江生态环境摆在压倒性位置，以改善水环境质量为核心，强化空间管控，优化产业结构，加强源头治理，注重风险防范，全面推进长江水污染防治和生态保护与修复。依托长江黄金水道推动长江经济带发展，是党中央、国务院作出的重大战略决策。加强长江黄金水道环境污染防控治理，不仅事关长江经济带发展，也关系到经济社会持续健康发展的大局和中华民族的伟大复兴。

《意见》提出，到 2017 年，长江经济带水环境质量不降低并力争有所改善，主要污染物排放总量继续减少，涉危企业环境风险防控体系基本建立。到 2020 年，长江经济带水环境质量持续改善，水质优良（达到或优于Ⅲ类）比例总体稳定保持在 75% 以上，干流水质稳定保持在优良水平；饮水安全保障水平持续提升，地级及以上城市集中式饮用水源水质达到或优于Ⅲ类比例总体高于97%；主要污染物排放总量大幅削减；三峡库区水质进一步改善；太湖等主要湖泊富营养化得到控制。

《意见》提出通过“切实加强水环境质量管理、推动沿江产业调整优化、深化重点领域污染防治、抓好重点区域污染防治、加强突发环境事件风险防控、实施生态保护与修复、充分发挥市场机制作用和构建长江黄金水道污染防控保障体系”等八项措施，加强长江黄金水道环境污染防控治理，坚持走生态优先、绿色发展之路。建立长江经济带生态保护补偿机制，加大对重点生态功能区转移支付力度，逐步提高转移支付系数和生态保护支出标准。建立以干流跨界断面水质为主、向中上游地区倾斜的补偿资金分配标准，形成长江干流补偿制度。支持重要支流上下游采取资金补助、产业扶持、人才培训、共建园区等方式开展横向生态保护补偿试点。

2.《关于健全生态保护补偿机制的意见》

2016 年 5 月 13 日，国务院办公厅发布《关于健全生态保护补偿机制的意见》（以下简称《意见》），这是我国首份针对生态保护补偿机制的国家文件，是全国各领域健全生态保护补偿机制的行动纲领。其中，推进体制机制创新，推进横向生态保护补偿是其中极为重要的任务之一。《关于健全生态保护补偿机制的意见》提出，要在长江、黄河等重要河流探索开展横向生态保护补偿试点。

《意见》指出，实施生态保护补偿是调动各方积极性、保护好生态环境的重要手段，是生态文明制度建设的重要内容。近年来，生态保护补偿机制建设取得了阶段性进展，但生态保护补偿的范围仍然偏小、标准偏低，保护者和受益者良性互动的体制机制尚不完善，一定程度上影响了生态环境保护措施行动的成效，须进一步健全生态保护补偿机制。

《意见》强调，要牢固树立创新、协调、绿色、开放、共享的发展理念，不断完善转移支付制度，探索建立多元化生态保护补偿机制，逐步扩大补偿范围，合理提高补偿标准，有效调动全社会参与生态环境保护的积极性，促进生态文明建设迈上新台阶。

《意见》提出，按照权责统一、合理补偿，政府主导、社会参与，统筹兼顾、转型发展，试点先行、稳步实施的原则，着力落实森林、草原、湿地、荒漠、海洋、水流、耕地等重点领域生态保护补偿任务。到 2020

年，实现上述重点领域和禁止开发区域、重点生态功能区等重要区域生态保护补偿全覆盖，补偿水平与经济社会发展状况相适应，跨地区、跨流域补偿试点示范取得明显进展，多元化补偿机制初步建立，基本建立符合我国国情的生态保护补偿制度体系，促进形成绿色生产方式和生活方式。

《意见》明确，将推进七个方面的体制机制创新。一是建立稳定投入机制，多渠道筹措资金，加大保护补偿力度。二是完善重点生态区域补偿机制，划定并严守生态保护红线，研究制定相关生态保护补偿政策。三是推进横向生态保护补偿，研究制定以地方补偿为主、中央财政给予支持的横向生态保护补偿机制办法。四是健全配套制度体系，以生态产品产出能力为基础，完善测算方法，加快建立生态保护补偿标准体系。五是创新政策协同机制，研究建立生态环境损害赔偿、生态产品市场交易与生态保护补偿协同推进生态环境保护的新机制。六是结合生态保护补偿推进精准脱贫，创新资金使用方式，开展贫困地区生态综合补偿试点，探索生态脱贫新路子。七是加快推进法治建设，不断推进生态保护补偿制度化和法制化。

3.《关于加快建立流域上下游横向生态保护补偿机制的指导意见》

开展横向生态保护补偿，是调动流域上下游地区积极性，共同推进生态环境保护和治理的重要手段，是健全生态保护补偿机制的重要内容。近年来，一些流域积极开展横向生态保护补偿试点，取得了阶段性进展，但总体上看，这项工作仍处于起步阶段，缺乏有效的合作平台，联防共治的长效机制尚未真正建立，一定程度上影响了流域生态环境治理的成效。为加快建立流域上下游横向生态保护补偿机制，推进生态文明体制建设，经国务院同意，2016 年 12 月，财政部、环境保护部、国家发展改革委、水利部联合印发了《关于加快建立流域上下游横向生态保护补偿机制的指导意见》。

该意见提出：按照党中央、国务院决策部署，强化政策引导和沟通协调，充分调动流域上下游地区的积极性，加快形成“成本共担、效益共享、合作共治”的流域保护和治理长效机制，使得保护自然资源、提供良好生态产品的地区得到合理补偿，促进流域生态环境质量不断改善。到 2020 年，各省（区、市）行政区域内流域上下游横向生态保护补偿机制基本建立；在具备重要饮用水功能及生态服务价值、受益主体明确、上下游补偿意愿强烈的跨省流域初步建立横向生态保护补偿机制，探索开展跨多个省份流域上下游横向生态保护补偿试点。到 2025 年，跨多个省份的流域上下游横向生态保护补偿试点范围进一步扩大；流域上下游横向生态保护补偿内容更加丰富、方式更加多样、评价方法更加科学合理、机制基本成熟定型，对流域保护和治理的支撑保障作用明显增强。

该意见主要内容包括：

（1）明确补偿基准。将流域跨界断面的水质水量作为补偿基准。流域跨界断面水质只能更好，不能更差，国家已确定断面水质目标的，补偿基准应高于国家要求。地方可选取高锰酸盐、氨氮、总氮、总磷以及流量、泥沙等监测指标，也可根据实际情况，选取其中部分指标，以签订补偿协议前 3 ~5 年平均值作为补偿基准，具体由流域上下游地区双方自主协商确定。

（2）科学选择补偿方式。流域上下游地区可根据当地实际需求及操作成本等，协商选择资金补偿、对口协作、产业转移、人才培训、共建园区等补偿方式。鼓励流域上下游地区开展排污权交易和水权交易。

（3）合理确定补偿标准。流域上下游地区应当根据流域生态环境现状、保护治理成本投入、水质改善的收益、下游支付能力、下泄水量保障等因素，综合确定补偿标准，以更好地体现激励与约束。

（4）建立联防共治机制。流域上下游地区应当建立联席会议制度，按照流域水资源统一管理要求，协商推进流域保护与治理，联合查处跨界违法行为，建立重大工程项目环评共商、环境污染应急联防机制。流域上游地区应有效开展农村环境综合整治、水源涵养建设和水土流失防治，加强工业点源污染防治，实施河道清淤疏浚等工程措施。流域下游地区也应当积极推动本行政区域内的生态环境保护和治理，并对上游地区开展的流域保护治理工作、补偿资金使用等进行监督。

（5）签订补偿协议。上述补偿基准、补偿方式、补偿标准、联防共治机制等，应通过流域上下游地方政府签订具有约束力协议等方式进行明确。

4.《中央财政促进长江经济带生态保护修复奖励政策实施方案》

为深入贯彻党的十九大“以共抓大保护、不搞大开发为导向推动长江经济带发展”和中央经济工作会议“推进长江经济带发展要以生态优先、绿色发展为引领”的精神，2018 年 2 月，财政部、原环境保护部、发展改革委、水利部印发《中央财政促进长江经济带生态保护修复奖励政策实施方案》，对建立跨省和省内流域横向生态保护补偿机制等予以奖励。旨在推动长江流域加快落实相关规划确定的保护和治理任务，促进长江大保护格局尽快形成。力争到 2020 年，长江流域保护和治理的机制进一步完善，全流域生态环境保护取得明显成效。生态系统稳定性得到提升，河湖、湿地生态功能逐步恢复，水源涵养、水土保持等生态功能增强，生物多样性稳步增加，水资源得到有效保护和节约集约利用，干流水质稳中向好，饮用水安全水平持续提升，加快建成和谐长江、健康长江、清洁长江、优美长江。

根据《中央财政促进长江经济带生态保护修复奖励政策实施方案》：按照“早建早给、早建多给”的原则，鼓励各地早建机制。同时，还将对补偿机制运行良好的足额安排奖励资金，对运行状况不畅的适当扣减奖励资金。中央财政 2017～2020 年通过水污染防治专项资金安排 180 亿元对长江经济带 11 个省市进行奖励。对流域内上下游邻近省级政府间协商签订补偿协议、建立流域横向生态保护补偿机制的省份予以奖励；对省内建立流域横向生态保护补偿机制的省份予以奖励；对流域保护和治理任务成效突出的省份予以奖励。

5.《关于建立健全长江经济带生态补偿与保护长效机制的指导意见》

为全面贯彻落实党的十九大精神，积极发挥财政在国家治理中的基础和重要支柱作用，按照党中央、国务院关于长江经济带生态环境保护的决策部署，推动长江流域生态保护和治理，建立健全长江经济带生态补偿与保护长效机制，2018 年 2 月 13 日，财政部出台《关于建立健全长江经济带生态补偿与保护长效机制的指导意见》，指出：通过统筹一般性转移支付和相关专项转移支付资金，建立激励引导机制，明显加大对长江经济带生态补偿和保护的财政资金投入力度。到 2020 年，长江流域保护和治理多元化投入机制更加完善，上下联动协同治理的工作格局更加健全，中央对地方、流域上下游间生态补偿效益更加凸显，为长江经济带生态文明建设和区域协调发展提供重要的财力支撑和制度保障。

中央财政加大政策支持。增加均衡性转移支付分配的生态权重；加大重点生态功能区转移支付对长江经济带的直接补偿，增加重点生态功能区转移支付预算安排，调整重点生态功能区转移支付分配结构，完善县域生态质量考核评价体系，加大对长江经济带的直接生态补偿，重点向禁止开发区、限制开发区和上游地区倾斜；实施长江经济带生态保护修复奖励政策，支持流域内上下游邻近省级政府间建立水质保护责任机制，鼓励省级行政区域内建立流域横向生态保护责任机制，对相关工作开展成效显著的省市给予奖励，进一步调动地方政府积极性；加大专项对长江经济带的支持力度。

地方财政抓好工作落实。统筹加大生态保护补偿投入力度；因地制宜突出资金安排重点；健全绩效管理激励约束机制；完善财力与生态保护责任相适应的省以下财政体制；充分引导发挥市场作用；建立流域上下游间生态补偿机制。按照中央引导、自主协商的原则，鼓励相关省（市）建立省内流域上下游之间、不同主体功能区之间的生态补偿机制，在有条件的地区推动开展省（市）际间流域上下游生态补偿试点，推动上中下游协同发展、东中西部互动合作。中央对省级行政区域内建立生态补偿机制的省份，以及流域内邻近省（市）间建立生态补偿机制的省份，给予引导性奖励。同时，对参照中央做法建立省以下生态环保责任共担机制较好的地区，通过转移支付给予适当奖励。

6.《建立市场化、多元化生态保护补偿机制行动计划》

2018 年 12 月 28 日，为贯彻落实中共中央办公厅、国务院办公厅印发的《中央有关部门贯彻实施党的十九大报告重要改革举措分工方案》、中共中央办公厅印发的《党的十九大报告重要改革举措实施规划（2018 ~ 2022 年）》和《国务院办公厅关于健全生态保护补偿机制的意见》等文件要求，积极推进市场化、多元化生态保护补偿机制建设，国家发展改革委、财政部、自然资源部、生态环境部、水利部、农业农村部、人民银行、市场监管总局、林草局出台《建立市场化、多元化生态保护补偿机制行动计划》。

《建立市场化、多元化生态保护补偿机制行动计划》明确指出：市场化、多元化生态保护补偿机制建设要以习近平新时代中国特色社会主义思想为指导，全面贯彻党的十九大和十九届二中、三中全会精神，牢固树立和践行“绿水青山就是金山银山”的理念，紧扣我国社会主要矛盾的变化，按照高质量发展的要求，坚持谁受益谁补偿、稳中求进的原则，加强顶层设计，创新体制机制，实现生态保护者和受益者良性互动，让生态保护者得到实实在在的利益。到 2020 年，市场化、多元化生态保护补偿机制初步建立，全社会参与生态保护的积极性有效提升，受益者付费、保护者得到合理补偿的政策环境初步形成。到 2022 年，市场化、多元化生态保护补偿水平明显提升，生态保护补偿市场体系进一步完善，生态保护者和受益者互动关系更加协调，成为生态优先、绿色发展的有力支撑。

重点任务：建立市场化、多元化生态保护补偿机制要健全资源开发补偿、污染物减排补偿、水资源节约补偿、碳排放权抵消补偿制度，合理界定和配置生态环境权利，健全交易平台，引导生态受益者对生态保护者的补偿。积极稳妥发展生态产业，建立健全绿色标识、绿色采购、绿色金融、绿色利益分享机制，引导社会投资者对生态保护者的补偿。

7.《国家发展改革委关于印发生态综合补偿试点方案的通知》

近年来，我国生态补偿资金渠道不断拓宽，资金规模有所增加，但仍存在资金来源单一、使用不够精准、激励作用不强等突出问题。2019 年 11 月 15 日，为贯彻落实党中央、国务院的决策部署，进一步健全生态保护补偿机制，提高资金使用效益，国家发展改革委印发《生态综合补偿试点方案》，将在国家生态文明试验区、西藏及四省藏区、安徽省，选择 50 个县（市、区）开展生态综合补偿试点。试点县应在全国重点生态功能区范围内，优先选择集中连片特困地区和生态保护补偿工作基础较好的地区。该试点方案提出：以维护国家生态安全、加快美丽中国建设为目标，以完善生态保护补偿机制为重点，以提高生态补偿资金使用整体效益为核心，在全国选择一批试点县开展生态综合补偿工作，创新生态补偿资金使用方式，拓宽资金筹集渠道，调动各方参与生态保护的积极性，转变生态保护地区的发展方式，增强自我发展能力，提升优质生态产品的供给能力，实现生态保护地区和受益地区的良性互动。

试点的任务包括 4 个方面，分别是创新森林生态效益补偿制度、推进建立流域上下游生态补偿制度、发展生态优势特色产业以及推动生态保护补偿工作制度化。目标是到 2022 年，生态综合补偿试点工作取得阶段性进展，资金使用效益有效提升，生态保护地区造血能力得到增强，生态保护者的主动参与度明显提升，与地方经济发展水平相适应的生态保护补偿机制基本建立。其中推进建立流域上下游生态补偿制度指的是，推进流域上下游横向生态保护补偿，加强省内流域横向生态保护补偿试点工作。完善重点流域跨省断面监测网络和绩效考核机制，对纳入横向生态保护补偿试点的流域开展绩效评价。鼓励地方探索建立资金补偿之外的其他多元化合作方式。

（二）跨省区域政策梳理

作为生态保护补偿重要组成的流域上下游横向补偿机制因下游对上游水质保护的迫切需求，自“十一五”以来一直是地方政府进行制度创新的热点领域。长江流域多个省份进行了跨省生态补偿探索，现对其生态补偿协议进行如下说明：

1. 安徽、浙江：新安江流域上下游横向生态补偿

作为全国首个跨省流域生态补偿机制试点，新安江流域试点从 2004 年就开始酝酿，2011 年迎来重大机遇。2011 年 1 月，全国政协副主席张梅颖向中央上报《关于千岛湖水资源保护情况的调研报告》，党和国家领导人习近平、李克强等先后作出重要批示，要求浙江、安徽两省着眼大局，从源头控制污染，走互利共赢之路，避免重蹈先污染后治理的覆辙。在国家层面的组织协调下，在安徽、浙江两省的共同推进下，2012 年新安江流域生态补偿机制试点正式实施。

首轮试点自 2012 年开始至 2014 年结束，按中央资金每年 3 亿元、两省每年各 1 亿元设立补偿资金，以两省交界的街口断面 4 项污染物（高锰酸盐指数、氨氮、总磷、总氮）指标前三年（2008～2010 年）的平均浓度值为基本限值，比较试点年份的水质变化，并设置 0.85 的水质稳定系数（考虑气候、降雨量、径流变化及技术监测等因素，控制水质波动空间在 17.6% 以内），测算出补偿指数 P 值后实行补偿。当 P≤1 时，浙江省 1

亿元资金拨付给安徽省；P >1 或者新安江流域安徽省界内出现重大污染事故，安徽省 1 亿元资金拨付给浙江省。不论何种情况，中央财政 3 亿元全部拨付给安徽省。首轮试点结束，安徽省获得补偿资金 15 亿元，专项用于新安江流域产业结构调整和产业布局优化、流域综合治理、水环境保护和水污染治理、生态保护等方面。

为进一步巩固试点成效，2014 年 12 月，安徽、浙江两省政府联合向国务院报送《关于继续实施新安江流域水环境补偿工作的请示》，争取国家层面继续延续和巩固试点工作。2015 年 3 月，李克强总理作出重要批示，充分肯定了新安江流域生态补偿机制试点的意义，并要求有关部门和地区认真总结经验，研究提出扩大流域上下游横向补偿机制试点的意见；9 月，中共中央、国务院印发的《生态文明体制改革总体方案》中提出“继续推进新安江水环境补偿试点”，试点工作纳入中央顶层设计；10 月，财政部、环保部正式发文确定 2015 ~2017 年在新安江流域继续实施第二轮试点，中央财政资金继续给予支持，按照逐步退坡原则分年安排，分年补助数额为 4 亿元、3 亿元、2 亿元。安徽、浙江两省经过多轮协商后签订协议，两省横向补助资金由第一轮的每年各 1 亿元提高到每年各 2 亿元，新增资金主要用于黄山市垃圾和污水特别是农村垃圾和污水处理。同时，继续以街口断面高锰酸盐指数、氨氮、总磷、总氮四项指标测算补偿指数 P 值，基准限值由 2008 ~2010 年 3 年均值调整为 2012 ~2014 年 3 年联合监测均值，水质稳定系数 K 值由 0. 85 调整为 0. 89，两项测算水质考核标准提高了 7%。补偿资金实行分档补助，体现好水好价，若 P≤1，浙江省补偿资金 1 亿元；若 P >1，安徽省补偿浙江省 1 亿元；若 P≤0. 95，浙江省再补偿 1 亿元；不论上述何种情况，中央财政补偿资金全部拨付给安徽省。

2016 年 3 月 21 日，在财政部、环境保护部联合召开的部分省份流域上下游横向生态补偿机制建设工作推进会上，两部委对新安江试点工作高度肯定，指出：“新安江上下游先行一步，积累了一定经验，仍需要继续深化，扩大成果。”2018 年 11 月，皖浙两省签署《关于新安江流域上下游横向生态补偿的协议》，标志着新安江流域生态补偿机制完成第三轮续约。与前两轮试点的实施方案相比，此次新签协议的实施方案有两大变化：一是水质考核标准更高，水质稳定系数进一步提升，同时提高了总氮和总磷四项具体指标的权重系数；二是补偿资金使用范围有所拓展，补偿资金专项用于新安江流域环境综合治理、水污染防治、生态保护建设、产业结构调整、产业布局优化和生态补偿等方面的同时，首次鼓励和支持通过设立绿色基金、政府和社会资本合作（PPP）模式、融资贴息等方式，引导社会资本加大新安江流域综合治理和绿色产业投入。此外，特别强调加强农业面源氮、磷生态拦截工程。

2. 湖南、湖北、江西、安徽：共同建设保护生态环境机制

2013 年湘鄂赣皖四省共同建设保护生态环境机制，把长江中游城市群打造成国家重要生态功能区。长江中游城市群 4 个省会城市着力把建立生态补偿长效机制作为联手保护生态的重点，通过加强区域间政府合作，开展专项补偿立法，建立区域间协调一致的环境财政制度和有效的生态补偿评估机制等一系列合作，探索环境污染的市场化治理机制，特别是跨省主要污染物排污权交易制度和环境污染责任保险制度。四省相继展开了生态补偿机制探索：

长株潭试验区 2012 年起开展流域、森林、矿产资源和自然保护区生态补偿试点，将湘江流域、洞庭湖纳入国家生态补偿试点范围。到 2015 年逐步建立起流域、森林、矿产资源和自然保护区等重点领域生态补偿标准体系，形成长株潭城市群统一的生态补偿机制。

湖北制定《关于大力加强生态文明建设的意见》，完善排污权交易制度，全面推行主要污染物排污权交易；制定并实施生态补偿政策，加大对生态补偿的财政投入，探索多样化的生态补偿方式，逐步在饮用水水源地保护区等领域实行生态补偿。

江西先后建立了流域水环境保护生态补偿机制，加大地方公益林生态补偿力度，实施了重点生态功能区财政转移支付制度，出台了自然保护区建设奖励政策，完善了矿产资源开发生态补偿管理办法。

安徽以巢湖生态保护为重点推进生态补偿机制建设，合肥市出台巢湖地区生态保护修复工程专项资金管理办法，保证了环巢湖地区生态保护修复工程资金支付有法可依。

3. 广东、江西：东江流域上下游横向生态补偿协议

东江是珠江水系三大河流之一，发源于江西省赣州市境内。东江源包括寻乌、定南、安远三县和会昌、龙南两县的部分乡镇。东江源区平均每年流入东江的水资源量约为 29.2 亿立方米，占东江年平均径流量的 10.4%。东江源头水质水量直接关系到整个东江流域的水生态安全，被称为珠三角和香港地区的“生命之水”“经济之水”。2016 年 10 月 19 日，广东、江西两省人民政府签署了《东江流域上下游横向生态补偿协议》。明确了东江流域上下游横向生态补偿期限暂定 3 年。跨界断面水质年均值达到Ⅲ类标准水质达标率并逐年改善。江西省和广东省共同设立东江流域水环境横向补偿资金，每年各出资 1 亿元。江西、广东两省依据考核目标完成情况拨付资金。中央财政依据考核目标完成情况确定奖励资金，中央奖励资金拨付给东江源头省份江西省，专项用于东江源头水污染防治和生态环境保护与建设工作。两省共同加强补偿资金使用监管，确保补偿资金按规定使用，充分发挥资金使用效益。

2020 年 1 月，江西、广东两省正式签订《江西省人民政府　广东省人民政府东江流域上下游横向生态补偿协议（2019～2021 年）》，实现续约，标志着东江流域上下游横向生态补偿由试点转化为长效机制，建立健全跨省流域上下游横向生态补偿机制迈上了一个新的台阶。

为全面贯彻落实习近平生态文明思想及党中央、国务院关于推进生态文明体制改革、健全生态保护补偿机制的决策部署，坚决贯彻落实习近平总书记在江西和广东视察时重要讲话精神，在赣、粤两省首轮东江流域上下游横向生态补偿取得良好成效的基础上，双方本着互惠互利、合作共赢的原则，就推进新一轮补偿进行了友好协商，并就继续推进跨省流域上下游横向生态补偿、实行联防联控和流域共治，形成流域保护和治理的长效机制，保护好东江源头“一泓清水”达成了一致意见。东江源区水生态环境质量事关整个东江流域生态环境保护，首轮生态补偿实施以来，东江跨省断面水质优良率达 100% 并稳步提升，源区生态环境质量不断改善，生态补偿成效显著。两省在保持首轮协议基本框架不变的基础上，在新一轮协议中对工作目标、水质达标率和保障机制提出了更高的要求，努力探索生态补偿促进环境质量改善，畅通“绿水青山就是金山银山”转化通道的

新模式。

4. 四川、云南、贵州：赤水河流域横向生态保护补偿协议

2018 年 2 月，四川省与云南、贵州签订了赤水河流域横向生态保护补偿协议，决定四川、贵州、云南三省每年共同出资 2 亿元设立赤水河流域水环境横向补偿资金，作为长江经济带生态修复奖励政策实施后的首个在长江流域多个省份间开展的生态保护补偿试点，中央财政资金将给予重点支持，这是在全国率先建立的多省间流域横向生态补偿机制，此次生态补偿实施年限暂定为 2018～2020 年。根据这份协议，云南、贵州、四川三省共同出资 2 亿元设立赤水河流域水环境横向补偿资金，三省的出资比例为 1：5：4，补偿资金在三省间分配比例为 3：4：3，补偿资金主要用于流域生态环境保护、治理等水污染防治工作，并依据协议确定的考核断面水质达标情况进行清算。协议提出，争取到 2020 年，赤水河流域生态环境质量保持优良，确保流域水质、水量和生态功能不减。

三省依据各段补偿权重以及协议确定的考核断面水质达标情况进行分段清算。水质达到考核目标要求的地区，全额享受补偿资金；部分达到目标的地区，根据水质水量折算享受补偿资金的额度，适当扣减补偿资金；完全未达到目标的地区，全部扣减补偿资金。所扣减的资金原则用于补偿给签订协议的下游省份。同时，三省搭建合作共治的政策平台，实行流域环境保护统一规划、统一标准、统一环评、统一监测、统一执法，形成赤水河流域上下联动大保护格局，共同提升赤水河流域环境保护整体水平。此外，2016 年 12 月，长江中游的江西、湖南、湖北三省签署协议，建立省际协商合作机制，合力抓好湖泊湿地管理保护、生态修复，共同将长江中游建成长江经济带生态文明先行区。2017 年 6 月，在重庆召开的首届长江上游地区省际协商联席会议上，重庆、四川、云南、贵州四省市审议通过《长江上游地区省际协商合作机制实施细则》。

5. 湖南、重庆：酉水河流域省际间横向生态保护补偿协议

2019 年，湖南、重庆两省（市）政府正式签署酉水河流域省际间横向生态保护补偿协议。实施年限暂定为 2019 年至 2021 年。

根据协议，两省（市）以位于重庆市秀山县与湖南省湘西州花垣县交界处的国家考核断面里耶镇的水质为依据，实施酉水流域横向生态保护补

偿。若交界断面的水质类别达到国家考核目标，湖南省拨付补偿资金给重庆市；若水质类别劣于国家考核目标，重庆市拨付补偿资金给湖南省。

据了解，酉水是长江支流沅江的最大支流，位于湘鄂渝交界处，过去因矿产资源开采而存在多种环境问题。协议签订后，两省（市）将协力加强酉水流域水环境保护工作，确保水环境质量稳定达标并改善。

（三）省级层面政策梳理

全国20多个省份相继出台了相关政策，推进横向生态补偿机制的建设，本章对长江流域部分省市已出台专项省域范围横向生态补偿政策进行了梳理。具体如下：

1. 江苏

2013年12月31日，江苏省财政厅、环保厅联合出台《江苏省水环境区域补偿实施办法（试行）》。江苏在全国率先建立了全省范围的水环境上下游“双向补偿”机制，明确规定水质未达标的市县将受到处罚，对水质受上游污染影响的市县予以补偿，水质好于规定的将实行奖励。试行办法于2014年10月1日起执行。该办法明确了“谁达标、谁受益，谁超标、谁补偿”的原则，经监测考核和确认后，实行“双向补偿”，即对水质未达标的市、县予以处罚，对水质受上游影响的市县予以补偿，对水质达标的市县予以奖补。在收到缴款通知10日内，就必须向江苏省财政缴纳这笔钱，否则将取消省级环保专项资金，直接代扣。

如果上游市、县出境的监测水质没有达标，由上游市、县按照低于水质目标值部分和江苏省规定的补偿标准，向省财政缴纳补偿资金，再通过省财政对下游市、县进行补偿。如果上游水质好于断面水质目标的，则由下游市、县按照好于水质目标值部分和省规定的补偿标准向省财政缴纳补偿资金，通过省财政对上游市、县进行补偿。此前，江苏省已经在太湖流域、通榆河流域进行了生态补偿机制的试点。《江苏省水环境区域补偿实施办法（试行）》则将这种生态补偿推广到了全省范围。

2. 安徽

为强化水环境目标管理，改善全省水环境质量，2017年12月30日，安徽省制定出台了《安徽省地表水断面生态补偿暂行办法》，按照“谁超标、谁赔付，谁受益、谁补偿”的原则，在全省建立以市级横向补偿为主、省级纵向补偿为辅的地表水断面生态补偿机制。

补偿原则。将跨市界断面、出省境断面和国家考核断面列入补偿范围，实行“双向补偿”，即断面水质超标时，责任市支付污染赔付金；断面水质优于目标水质一个类别以上时，责任市获得生态补偿金。

考核方式。根据断面属性和水质监测结果，每月计算污染赔付、生态补偿金额。跨市界断面由上下游市分别进行污染赔付和生态补偿，其余断面由责任市、省财政分别进行赔付和生态补偿。左右岸分属 2 个责任市的断面，污染赔付、生态补偿金额平均分配。省财政厅负责污染赔付金和生态补偿金的转移支付工作。

资金清算。当断面水质超标时，责任市按照超标指标数和赔付标准支付污染赔付金，每月每个指标赔付金最高 300 万元；当月度断面水质优于目标水质一个类别、两个类别及以上时，责任市可分别获得 50 万元、100 万元生态补偿金。各地污染赔付和生态补偿金额每月向社会公布，所获赔付、补偿金专项用于水污染综合治理。

3. 浙江

2018 年 2 月，浙江省财政厅会同省环保厅、省发改委和省水利厅等四部门发布了《关于建立省内流域上下游横向生态保护补偿机制的实施意见》（以下简称《意见》），建立了省内流域上下游横向生态保护补偿机制。不同于以往的流域生态补偿，《意见》以权责对等、合理补偿为原则，着力于推进流域上下游之间的相互补偿，不再单一依靠中央、省级财政给予的纵向补偿资金。《意见》提出，流域上下游县（市、区）政府作为责任主体，通过自主协商，建立“环境责任协议制度”，通过签订协议明确各自的责任和义务。省级相关部门作为第三方，对生态保护补偿政策实施给予指导，并对协议履行情况实施监管，同时对重点流域的横向生态保护补偿给予引导支持，推动建立长效机制。

在补偿标准上，提出流域上下游地区根据流域生态环境现状、保护治理和节约用水成本投入、水质改善的收益、下游支付能力、下泄水量保障等因素，每年在 500 万～1000 万元范围内协商确定。除资金补偿外，流域上下游地区也可根据当地实际需求及操作成本，探索开展对口协作、产业转移、人才培训、共建园区等补偿方式。同时，鼓励流域上下游地区开展排污权交易和水权交易。

4. 重庆

2018 年 5 月，重庆市政府印发《建立流域横向生态保护补偿机制实施方案》，2020 年前，在龙溪河、璧南河等 19 条流域面积 500 平方公里以上且跨 2 个或多个区县的次级河流建横向补偿机制。流域横向生态保护补偿机制基本的制度设计是：河流上下游区县签订协议，以交界断面水质为依据双向补偿，水质变差、上补下，水质变好、下补上。补偿标准每月 100 万元，交界断面水质达到水环境功能类别要求并较上年度水质提升的，下游区县补上游区县，下降或超标的上补下。对直接流入长江、嘉陵江、乌江和市外，以及市外流入重庆的河流，由市级代行补偿或受偿主体责任。补偿金月核算、月通报、年清缴，用于流域污染治理、环保能力建设等。

生态保护，关键在形成合力。对此，重庆出台了“三奖”政策：一是奖早建，对今年 10 月底前建立补偿机制、签订 3 年以上补偿协议的，一次性奖 300 万元；二是奖协作，对建立流域保护治理联席会议制度、形成协作会商、联防共治机制的，一次性奖 200 万元；三是奖成效，对上下游区县有效协同治理、水环境质量持续改善的，在安排转移支付时给予倾斜。

有激励就有约束。对 2018 年没签订补偿协议（协议有效期须 3 年以上）、未建立流域横向生态补偿机制的区县，从下一年起重庆市每年向流域的上游区县收取 1200 万元水质考核基金直至签订协议，对补偿断面水质未达到水环境功能类别要求或者虽然达到要求但水质下降的，按补偿标准每月计算考核基金扣减额度。

重庆流域横向生态补偿机制突出“成本共担、效益共享、合作共治”原则，是落实中央共抓长江大保护战略、提升长江重庆流域水环境质量的重要举措，也是筑牢长江上游重要生态屏障、保护三峡库区和长江母亲河、促进重庆绿色发展、构建生态文明政策体系的财政制度创新。市财政将联合环保、水利等部门按月监测水质，按月通报水质评价和核算结果，按月核算考核基金。

按照重庆的计划，到2025年市域河流上下游区县横向生态保护补偿机制成熟定型，对流域保护和治理的支撑保障作用明显增强。期间，重庆将鼓励区县协商采取资金补偿、对口协作、共建园区等方式，在具备条件的流域采用水质水量作为补偿基准建立横向补偿机制，鼓励区县之间开展排污权和水权交易。

5. 湖北

2018年7月初，湖北省财政厅、省环保厅、省发改委、省水利厅联合印发《关于建立省内流域横向生态补偿机制的实施意见》，提出将流域跨界断面的水质水量作为补偿基准，地方可选取高锰酸盐、氨氮、总氮、总磷及流量、泥沙等监测指标，以签协议前3～5年平均值作为补偿基准。流域上下游县市区可协商选择资金补偿、对口协作、产业转移、人才培训、共建园区等补偿方式，鼓励上下游地区开展排污权、水权交易。上下游地方政府协商确定补偿金额，每年不低于300万元。在省内流域上下游市县探索实施自主协商建立横向生态保护补偿机制，鼓励生态保护修复迫切、基础条件好、积极性高的地方率先开展横向生态补偿。流域上下游地区应建立联席会议制度，协商推进流域保护与治理，联合查处跨界违法行为，建立重大工程项目环评共商、环境污染应急联防机制。力争到2020年，基本建立与湖北经济社会发展状况相适应的省内流域横向生态补偿制度体系，促进形成绿色生产方式和生活方式。

2018年8月中旬，湖北省召开省内流域横向生态补偿机制工作推进会，湖北省选择通顺河、黄柏河、天门河、梁子湖、陆水河等5个流域及相关20个县市区，在2018年实施流域横向生态保护补偿试点；到2020年省内长江流域相关市县60%以上建立横向生态补偿机制。20个试点县市区分别是：通顺河流域的潜江市、仙桃市、蔡甸区、汉南区；黄柏河流域的夷陵区、远安县、西陵区；天门河流域的荆门市屈家岭管理区、钟祥市、京山县、天门市、汉川市；梁子湖流域的咸安区、大冶市、鄂州市、江夏区；陆水河流域的通城县、崇阳县、赤壁市、嘉鱼县。这些县市区须在2018年12月底前签订具有约束力的补偿协议。上述流域以外的县市区也要尽快签订流域横向生态保护补偿协议。对率先签订补偿协议且生态保护修复工作成效明显的地方，省级层面给予奖励。事实上，在湖北省内已有地方开始试点流域横向生态补偿。2017 年底，武汉市提出《长江武汉段跨界断面水质考核奖惩和生态补偿办法》，明确在长江武汉段左右岸共设置 13 个监测断面进行水质考核。

6. 四川

2018 年 9 月，为了保护沱江水环境，成都、自贡、泸州、德阳、内江、眉山、资阳等 7 个沱江流域市签署了《沱江流域横向生态保护补偿协议》，按照“保护者得偿、受益者补偿、损害者赔偿”的原则，从 2018 年至 2020 年，7 市每年共同出资 5 亿元，设立沱江流域横向生态补偿资金，并建立“厂网河”一体化管理模式，构建常态长效河道管理体系，建立省内重点流域横向生态保护补偿机制。横向生态保护补偿旨在守住沱江流域水环境质量“只能变好、不能变坏”底线，建立奖励达标、鼓励改善、惩戒恶化的正向激励、反向约束机制，搭建上下游联动、合作共治的政策平台。

为进一步推动省际省内流域横向生态保护补偿机制建设，2019 年 6 月 3 日，经省政府第 26 次常务会议审议通过，四川省财政厅、生态环境厅、省发展和改革委员会、水利厅联合印发实施《四川省流域横向生态保护补偿奖励政策实施方案》。充分发挥资金引领作用，通过资金奖励，引导激励市（州）共建流域横向生态保护补偿机制，形成竞相提升生态环境质量的局面。2018～2020 年，按照“早建早给、早建多给、不建不给”的原则，对四川省与相关省（市）签订补偿协议、建立跨省流域横向生态保护补偿机制的和省内同一流域上下游所有市（州）协商签订补偿协议、建立起流域横向生态保护补偿机制的，给予资金奖励，奖励资金采取先预拨、后清算的模式，资金安排与绩效评价结果挂钩。对建立起补偿机制的市（州），根据流域生态环境功能重要性、保护治理难度、补偿力度等因素分年确定财政预拨资金奖励额度。预拨资金用于流域保护和治理。根据签订的流域横向生态保护补偿协议，水质水量等达到考核目标的市（州）全额享受预拨资金；部分达到目标的市（州），根据水质水量等折算享受预拨资金的额度，适当扣减预拨资金；完全未达到目标的市（州），全部扣减预拨资金。扣减的预拨资金继续用于下一年度的奖励。

力争到 2020 年，在岷江、沱江、嘉陵江等流域建立流域横向生态保护补偿机制，加快形成“成本共担、效益共享、合作共治”的流域保护和治理长效机制。为了保障落地落实，还明确了市（州）人民政府承担行政区域内水环境质量保护与治理主体责任，负责签订流域上下游市（州）横向生态保护补偿协议。省直有关部门建立联合指导协调机制，强化对机制建设的业务指导，并严格进行考核，确保工作有序开展。实施到期后将引入第三方开展评估，提炼可复制可借鉴的模式。

7. 江西

2017 年 6 月，江西省正式出台《关于健全生态保护补偿机制的实施意见》（以下简称《实施意见》），到 2018 年，江西省森林、湿地、水流、耕地四个重点领域的生态保护补偿试点示范取得阶段性进展，到 2020 年，四个重点领域的生态保护补偿实现全覆盖，基本建立符合省情的政府主导、社会参与、市场化运作的多元化生态保护补偿机制。生态补偿，是一种让生态环境保护者得到补偿的制度设计，以“谁受益、谁补偿”为原则。江西省在全国率先建立了全境、全流域的生态补偿机制，今后将逐步扩大补偿范围，合理提高补偿标准，有效调动全社会参与生态环境保护的积极性。

《实施意见》分领域明确了生态保护补偿机制的重点任务：森林生态保护补偿的重点是健全公益林补偿标准动态调整机制，逐步提高生态公益林补偿标准和天然商品林管护补助标准，探索非国有投资主体所有（承租经营）森林国家赎买（租赁）制度，率先在国家级自然保护区、“五河”及东江源头等重要生态区开展试点；湿地生态保护补偿的重点是通过退耕还湿试点探索建立湿地生态效益补偿制度，探索建立湿地生态系统损害鉴定评估办法和损害赔偿标准；水流生态保护补偿的重点是在重要的水功能区全面开展生态保护补偿，开展集中式饮用水水源地生态保护补偿，探索跨区域饮用水水源地生态补偿模式；耕地生态保护补偿的重点是探索建立耕地休养生息制度，对在重金属污染区、生态严重退化地区实施耕地休耕、轮作和调整种植结构的农业经营者予以适当的物质或现金补助。《实施意见》提出，要将生态保护补偿列入各级政府预算，确保补偿资金及时足额发放。鼓励受益地区与保护生态地区、流域下游与上游通过资金补助、产业转移、人才培训、共建园区等方式建立横向补偿关系。加大对罗霄山集中连片特困地区、“五河一湖”及东江源头地区的生态补偿资金扶持力度，加大重点生态功能区转移支付力度，建立补偿资金与扶持贫困群众脱贫挂钩机制。

2019 年 1 月 28 日，为促进全流域共抓生态环境保护和修复，推进国家生态文明试验区建设，江西省生态环境厅、财政厅、发展改革委、水利厅联合发布《江西省建立省内流域上下游横向生态保护补偿机制实施方案》。《江西省建立省内流域上下游横向生态保护补偿机制实施方案》明确，各设区市、县（市、区）人民政府为相关流域上下游横向生态保护补偿的责任主体，在自主协商的基础上签订补偿协议。按照“谁污染、谁治理，谁保护、谁受益”的原则，实行按月考核、按年补偿的办法，交接断面水质达到协议目标要求的，将由下游主体补偿上游主体；交接断面水质未达到协议目标要求的，将由上游主体补偿下游主体。指出，流域上下游横向生态保护的补偿因子以水质为主、兼顾水量。补偿方式原则上为货币补偿，且在实施期内补偿标准为每年不低于 100 万元。流域上下游主体协同有关部门共同实施环境监测，推动建立完善统一标准、联合执法、定期会商等环境联防共治体系。

2020 年 4 月，根据《江西省建立省内流域上下游横向生态保护补偿机制实施方案》，江西省生态环境厅、财政厅、发展改革委、水利厅四部门结合江西省流域上下游横向生态保护补偿实施实际，统筹兼顾上下游补偿主体责任与权益，联合印发了《江西省省内流域上下游横向生态保护补偿定额奖补实施办法》，进一步健全了江西省省内流域上下游横向生态保护补偿机制，拓宽了江西省内流域上下游横向生态保护补偿受益面，形成了省级奖补上下游全覆盖的工作格局。明确，2019～2021 年，对江西省行政区域内长江干流和鄱阳湖沿岸有河流直接汇入长江或鄱阳湖的县（市、区），视其生态环境保护工作成效，对达到奖补要求的由省级财政予以省内流域上下游横向生态保护补偿定额奖补。提出，将入江、入湖断面总磷作为重点因子进行考核，对县（市、区）入江或入湖断面总磷指标年均值较上年变差，或者入湖、入江断面总磷未达到断面水质考核目标要求的，分别进行扣减和收回定额奖补资金。要求，以“地方申报、省级汇总审核”的程序推进定额奖补工作实施，进一步夯实地方政府主体责任，强化行业主管部门监督和引导责任。

8. 湖南

为深入贯彻习近平生态文明思想，落实党的十九大“以共抓大保护、不搞大开发为导向推动长江经济带发展”的工作部署，建立健全省内流域生态保护补偿机制，根据中央和省级有关文件精神，2019 年 6 月 18 日，由湖南省财政厅牵头会同省生态环境厅、省发改委、省水利厅制定出台了《湖南省流域生态保护补偿机制实施方案（试行)》，明确将在湘江、资水、沅水、澧水干流和重要的一、二级支流，以及其他流域面积在 1800 平方公里以上的河流，建立水质水量奖罚机制、流域横向生态保护补偿机制。

实施水质水量奖罚机制。对市州、县市区的流域断面水质、水量进行监测考核，水质达标、改善，获得奖励；水质恶化，实施处罚。如，当某地的出境断面水质优于Ⅲ类标准，或者比入境断面水质有改善，给予相应奖励；相反则给予相应处罚。同时，某地所有出境考核断面水量必须全部满足最小流量，否则扣减考核奖励。

实施流域横向生态保护补偿机制。流域的跨界断面水质只能更好，不能更差。如果上游的出境断面水质相比上年同期提升了，那么下游对上游进行补偿；如果水质下降了，上游给下游补偿。市州之间按每月 80 万元、县市区之间按每月 20 万元的标准相互补偿。鼓励上下游市州、县市区政府之间签订协议，建立流域横向生态保护补偿机制。《湖南省流域生态保护补偿机制实施方案（试行)》发布 1 年内建立流域横向生态保护补偿机制，且签订 3 年补偿协议的市州、县市区，省级给予奖励。

到了 2020 年，全省 85% 以上市州、60% 以上县市区建立了流域横向生态保护补偿机制。各市州、县市区政府承担本行政区域内水环境质量保护和治理主体责任，省级主要负责引导建立跨市州的流域横向生态保护补偿机制。考核处罚和扣缴资金由省财政统筹用于流域生态补偿奖励。各市州、县市区获得的流域生态补偿资金，由当地政府统筹用于流域污染治理、流域生态补偿。

9. 上海

2009 年，上海市出台《关于建立健全本市生态补偿机制的若干意见》

和《生态补偿转移支付办法》，建立市对区县生态补偿财政转移支付制度。

自上海市生态补偿机制建立以来，2009～2012年，市级安排的生态补偿转移支付资金累计达43.9亿元，年均增长24.3%。2013年，上海市进一步加大生态补偿力度，年初预算安排生态补偿转移支付资金15.5亿元，比2012年增长9.2%。

10. 贵州

2009年贵州省各级财政将出资6000万元对1200万亩地方公益林按每亩每年5元进行生态效益补偿。这是贵州省首次对地方公益林进行生态补偿。

贵州省在长江上游天然林保护工程区内界定3000万亩国家重点公益林，共区划地方公益林3372万亩。地方公益林大多在贫困山区，当地群众在能源、建设和经济来源等方面主要依靠森林资源，林权改革后，林农对森林效益的期望值更高。国家从2004年以来对贵州省1067万亩重点公益林进行补偿，2009年又对贵州省近700万亩天保工程区新增且未享受天然林保护管护资金的重点公益林进行补偿。

2014年贵州省政府办公厅转发《贵州省赤水河流域水污染防治生态补偿暂行办法》，按照"保护者受益、利用者补偿、污染者受罚"的原则，在毕节市和遵义市之间实施赤水河流域水污染防治生态补偿。办法明确，赤水河流域生态补偿实施双向补偿，即上游毕节市出境断面水质优于Ⅱ类水质标准，下游受益的遵义市应缴纳生态补偿资金；上游毕节市出境断面水质劣于Ⅱ类水质标准，毕节市则应缴纳生态补偿资金。赤水河流域内有关县（市、区）出境考核断面水质劣于规定的水质类别，也应缴纳生态补偿资金。生态补偿资金统一缴入贵州省级财政，由贵州省财政厅会同省环境保护厅按照定向使用原则，通过因素法进行分配。

生态补偿以赤水河在毕节市和遵义市跨界断面（清池断面）按照《地表水环境质量标准（GB3838－2002）》水质监测结果为考核依据，污染物超标补偿标准为高锰酸盐指数0.1万元/吨、氨氮0.7万元/吨、总磷1万元/吨。由贵州省环保厅、贵州省水利厅分别监测水质、水量，贵州省环保厅负责向省财政厅、相关市（县、区）通报考核情况及缴纳金额。生态补偿资金实行按月核算、按季通报、按年缴纳。

三、长江流域生态补偿存在的问题

长江流域的生态补偿经过多年的努力实践，取得了显著的成效，也形成了一定的经验，但是，也存在着一定的问题，需要重视和解决。

（一）生态补偿力度不足

当前的生态补偿力度普遍存在着不足的问题，生态补偿资金规模不大，资金来源渠道单一，不能满足生态补偿的实际需要。我国经济建设经过 40 多年的高速度发展，取得了举世瞩目的成就，同时也遗留了比较严重的生态环境破坏问题。就目前而言，无论是生态的修复、维护与建设，还是环境的清理、保护与改善，普遍需要较大的投入，包括资金、人员、技术等多个方面的投入。当下的生态补偿政策以及投入的补偿资金存在着明显不足的问题，至于所需投入的人力资本、技术等方面，也需要政策和资金支持，目前尚缺乏直接的设计和估算，更没有相应的资金计划进行保障。

（二）生态补偿标准的确定不够科学

政府财政资金用于生态补偿，引导性作用很大，有利于调动地方政府转变发展方式，提高生态建设和环境保护的积极性和主动性。然而，生态补偿标准的确定目前缺乏科学的依据、论证与设计，导致政府财政资金配置不合理、效率不高。从中央对地方的重点生态功能区转移支付来看，主要是按照标准财政收支缺口并考虑补助系数测算的，基本上和各地方生态功能区面积、生态保护的任务、因生态保护损失的发展机会成本没有联系。省以下生态补偿受到各省财力影响，各级政府的财政状况在很大程度上决定了补偿标准。从地方开展的横向生态补偿实践来看，补偿标准的制定缺乏量化标准，大部分是依据协商办法解决。生态补偿标准不够科学，严重妨碍和限制了生态补偿和生态建设的开展。

（三）生态补偿管理机制不完善

生态补偿需要一套行之有效、科学合理的管理机制，在现阶段，有关的法律法制、体制和机制仍不完善，管理体系条块分割比较严重，生态建设和补偿无法形成明确的协调机制、责任机制、激励机制。长江流域生态保护补偿资金的分配和使用存在“九龙治水”问题，专项补偿资金分散在林业、环保、水利、住建、经信、国土等不同领域，一方面，存在“撒胡椒面”现象，难以满足地方生态保护事权支出的需求；另一方面，不同部门的专项生态补偿资金受到专款专用的限制，造成资金统筹使用难度大、效率低，同时还给贫困地区带来资金配套的巨大压力。当前和今后相当长一段时间，政府在生态补偿中发挥主导作用，那么，需要建立政府制定和实施生态补偿政策的绩效评估制度，客观地衡量生态补偿政策的实际效果，并以实际效果为导向，加强生态补偿事项管理。

（四）生态补偿市场机制不健全

仅仅依靠政府进行生态补偿是不够的，也无法保障生态补偿的活力和效率。在发挥政府作用的同时，需要加强生态补偿的市场化建设，持续推进生态补偿市场机制的建立健全。目前，很多地方的生态补偿市场机制要么缺位，要么不健全，通过和利用市场机制开展生态补偿非常薄弱，一方面导致生态补偿的力度和规模受到限制，另一方面生态补偿的活力和动力受到限制。我国的长江流域以及全国范围内的生态补偿任务和需求非常巨大，生态补偿的市场化行为大有可为，社会资金、民间资金进入生态补偿领域，需要生态补偿市场机制的建设和完善。充分利用市场机制，还可以减轻政府的财政压力，并提高政府财政资金的使用效率。

（五）公众对生态补偿参与程度不够

生态环境的破坏以及生态建设和环境保护，与人民群众的利益和生活息息相关。发动群众参与生态补偿，为群众对生态环境发表诉求提供渠道，既有利于生态补偿和生态建设、环境保护的有效开展，又有利于及时发现所存在的问题。然而，目前的生态补偿以及生态建设、环境保护，公众参与的程度很低，参与的渠道很少，所提出的诉求受到重视和解决的比例不高。当地的民众、社区、企业对生态补偿以及生态建设、环境保护既缺乏主动作为的意识和思想，也缺乏必要的责任和担当。

四、长江流域生态补偿改进政策建议

（一）确定政府财政生态补偿资金的科学配置方法，提高资金生态补偿效率

为了克服政府财政生态补偿资金配置不合理、效率不高的问题，用于长江流域生态补偿的财政资金，应当综合考虑各地的生态保护成本、发展机会成本和生态服务价值等多重因素，更加科学合理地进行分配。首先，可将生态补偿资金和生态保护成本挂钩，体现对生态保护力度大、污染治理成效好区域的倾斜。中央财政的均衡性转移支付资金进一步增加生态环保相关因素的分配权重，进一步增加对长江流域地方政府开展生态保护、污染治理、控制减少排放等带来的财政减收增支的财力补偿力度。其次，加大对重点生态功能区直接补偿的资金倾斜力度，对于长江流域承担着水源涵养、水土保持、防风固沙和生物多样性维护等重要生态功能的地区，加大补偿力度，让重点生态功能区守得住绿水青山。

（二）探索建立和推广长江流域综合性补偿办法，统筹各类补偿资金和政策

长江流域生态专项补偿资金分散在林业、环保、水利、住建、经信、国土等不同领域，由于专款专用，造成资金难以统筹使用，效率低下。为了克服这一问题，有些省开展了综合性补偿办法的探索，比如浙江省整合各类补偿资金探索建立了“绿色发展财政奖补机制”，优化了资金分配，提高了资金使用效率。长江流域需要对综合性补偿办法进行完善并推广，通过整合政策和资金，切实提高财政资金使用效益。首先，推动资金在省级层面的统筹整合，对相关中央专项转移支付的结转资金，允许地方制定严格的资金统筹办法，将分散在林业、环保、水利、住建、经信、国土等不同部门的生态保护类专项资金整合起来使用。其次，发挥政策合力实现综合治理，按照山水林田湖草生命共同体的理念，对统筹后的资金以综合性生态补偿的方式进行分配和下达，将生态环境质量改善作为补偿资金分

配的主要因素，在资金使用上赋予地方政府统筹安排项目和资金的自主权，最大限度地提高生态补偿资金使用效率，调动地方政府的积极性。再者，鼓励地方将获得的补偿资金与本级资金捆绑使用，集中投入、综合治理，形成政策和资金合力。

（三）构建实施生态成效与资金分配挂钩的激励约束机制，奖励处罚精准分明

生态补偿制度奖惩分明，有助于强化政府的生态保护责任，更好地调动地方保护生态环境的积极性。奖惩制度设置的合理与否也直接影响生态补偿政策激励效果的发挥。因此，长江流域的生态补偿，应当按照“生态优先，奖惩分明”原则，建立奖惩分明的激励约束机制，对生态保护任务完成情况较好、生态环境质量提升较快的地区加大补偿力度，除资金奖励外，还可以在基础设施建设、改善民生等方面提供政策性倾斜；而对于生态保护任务完成不好的地区，则扣减资金甚至不予补偿，通过正向激励和负向惩罚，进一步调动各区保护生态环境的积极性，提升生态补偿的效果。奖惩制度的有效实施，首先需要客观评估生态保护和建设成效，为此，要加快建立生态补偿绩效考核指标体系，并充分发挥生态保护补偿考核指挥棒作用，倒逼各地更加注重绩效结果，通过考核增强各级政府加强生态保护的责任心和紧迫感，保护好绿水青山。而后，将生态补偿资金与考核结果挂钩。生态补偿资金由财政部门根据绩效考核结果下达，将指标考核结果与补偿资金紧密联系起来，并采用先预拨后清算的办法，实现奖优罚劣，体现正向激励和负向惩罚，让受益者付费、保护者得到合理补偿，促进生态保护者和受益者良性互动。

（四）建立健全生态补偿市场机制，激发生态建设活力

2019 年初，发改委、财政部等九部门联合印发《建立市场化、多元化生态保护补偿机制行动计划》，指出到 2020 年，市场化、多元化生态保护补偿机制初步建立，全社会参与生态保护的积极性有效提升，受益者付费、保护者得到合理补偿的政策环境初步形成。到目前为止，生态补偿市场机制的建设成效并不明显。今后可尝试从以下方面进行突破：一是完善

自然资源资产产权制度，推进自然资源统一确权登记，完善自然资源资产产权体系，加强自然资源资产产权保护。二是建立健全生态保护区、跨流域、跨区域排污权交易制度；建立健全碳排放权交易市场，完善重点企业能耗数据第三方核查，推进区域碳交易试点向全国市场过渡。三是建立健全生态保护补偿融资市场，探索以特定生态保护项目为标的的绿色证券、绿色国债等绿色金融产品；探索排污权、碳排放权、水权、碳汇和购买服务协议抵押等担保贷款业务；借鉴国际经验，探索土地银行、森林银行等专业化生态银行；探索环境污染责任保险、森林保险等生态险种，推进在环境高风险领域建立强制责任保险制度；扩大政府和社会资本合作（PPP）模式的运用，为社会资本参与重大生态项目创造条件。

（五）搭建公众参与生态补偿和建设的渠道和平台，推进全社会积极参与

生态补偿是推进经济和社会可持续发展和高质量发展的重要事项，需要全社会民众的关心爱护和积极参与。一是要向民众、社区、企业加强生态补偿政策、价值、活动的宣传和推广，让他们深入了解生态补偿的意义和行动，尤其是当地生态补偿的活动和价值，这样既可以让公众正确理解生态补偿，也能够激发公众参与生态补偿的主动性和积极性。一些地方由于宣传不到位，以至于出现公众误解生态补偿的目的，把生态补偿费用的征收误认为是政府的乱收费。二是推动环保信息公开，严格要求各级环境保护部门公开各种环境信息，接受社会监督；对于重大决策和项目，要通过公开听证、网络征集等形式，充分听取公众的意见。三是建立公众参与生态补偿和建设的多种渠道和平台，既让公众对生态补偿和建设的意见、建议、投诉有渠道可讲，健全举报制度，发挥公众对生态补偿和建设的监督作用，又让公众对生态补偿和建设的付出有平台可做，愿意出力的志愿者能够通过政府的平台参与生态项目和环保行为，愿意出资的民众和企业也能够通过政府的平台投资生态项目。让公众充分参与，能够发现被掩盖的问题，还能够汇集公众的智慧和财力，成为重大建设力量。

（六）借助《长江保护法》的制定，建立健全长江流域生态补偿管理机制及立法保障

借助于《长江保护法》的制定和实施，建立健全长江流域生态补偿管理机制及立法保障。通过立法，克服现阶段的有关法律法制不健全、体制机制不完善、管理体系条块分割等弊端。构建中央、国家部委、地方各个主体分工协作、有机协调的统筹管理机制。该统筹管理机制需要遵循“生态优先，绿色发展”“共抓大保护，不搞大开发”“一盘棋”等根本原则。在中央层面，由国务院推动长江经济带发展领导小组或者扩展为国务院层面的长江流域统筹协调小组，组织制订统一的长江流域规划，并监督实施，开展评估奖惩。在国家部委层面，国家发展改革委、自然资源部、生态环境部、农业农村部、水利部、交通运输部、科技部等部委按照各自的功能进行合理分工，并明确各自的职能范围和责任归属，做到分工清晰、职责明确，避免交叉管理、多头管理、重复管理、职责不清、责任不明等问题；由于长江流域生态、资源、环境的重要性优先于发展的重要性，关于长江流域的各项规划及其实施，可由国家自然资源部、生态环境部等部委牵头推进。在省市及各个地方层面，贯彻落实长江流域统一的规划和政策，并就地方情况反馈上报。上述三个层面体现和贯彻“中央统筹、省负总责、市县抓落实”的系统性思路。对于长江流域的统筹管理机制，以及该机制中的重要事项，比如上文提到的政府财政生态补偿资金配置方法、综合性补偿办法、生态补偿绩效考核及奖惩制度、生态补偿市场机制建设、公众参与保障等，都争取列入《长江保护法》，形成立法保障，依靠法制的保驾护航实现最大限度的统筹协调和贯彻执行。

第五章

长江经济带对外开放规划统筹实施

长江经济带覆盖上海、江苏、浙江、安徽、江西、湖北、湖南、重庆、四川、云南、贵州等 11 个省市，面积约 205.2 万平方公里，占全国的 21.4%，人口和 GDP 均超过全国的 40%。2016 年 9 月，《长江经济带发展规划纲要》（以下简称《纲要》）正式印发，确立了长江经济带“一轴、两翼、三极、多点”的发展新格局。2018 年 11 月，中共中央、国务院明确要求充分发挥长江经济带横跨东中西三大板块的区位优势，以共抓大保护、不搞大开发为导向，以生态优先、绿色发展为引领，依托长江黄金水道，推动长江上中下游地区协调发展和沿江地区高质量发展。

《纲要》印发以来，长江经济带对外开放水平总体持续提升，融入“一带一路”取得积极进展，上海和长三角地区开放引领作用进一步发挥，中上游内陆地区对外开放提速，云南面向南亚东南亚辐射中心建设稳步推进，国内区域合作扎实开展。但是，开放的协调性、联动性依然不强，制度型开放与国际高标准经贸规则相比仍有不小差距，加上国际国内环境深刻变化，进一步提升开放水平、增强对构建全面开放新格局的支撑作用、提升对长江经济带高质量发展的带动作用仍然任重道远。本章按照问题导向、目标导向的思路，提出了长江经济带扩大高水平对外开放的总体思路和重点任务，尝试在科学划分中央与地方职责、争取在立法中予以完善等方面提出具体的政策建议。

一、长江经济带扩大高水平对外开放面临的主要问题

（一）“东强西弱”格局尚未根本改变

长江经济带沿线11个省市分为三大区域，分别为上游地区（包括重庆、四川、贵州和云南）、中游地区（包括江西、湖北、湖南）和处于长江下游的长三角地区（包括上海、江苏、浙江和安徽）。根据各省市2019年国民经济和社会发展统计公报数据，长江上、中、下游三个地区的人口占全国总人口的比重分别为14.3%、12.5%和16.2%，占长江经济带人口比重分别为33%、29%和38%。在开放方面，上中下游主要指标的比例差距较大，且这种“东强西弱”的格局尚未根本改变。以下，分别从对外贸易、利用外资和对外投资三个方面展开分析。

1. 对外贸易方面，长江中上游地区份额与长三角地区相比仍有较大差距

从全国情况来看，分析表5-1可知，上游地区进出口总额占全国的比重由2013年的4%上升至2019年的4.9%，中游地区占全国的比重由2013年的2.4%上升至2019年的3.7%，均有一定程度的提升。长三角地区贸易额占全国的比重在2013年和2019年也有所增加，2013年为33%，2019年为35.8%。由此可知，长江中上游地区与下游地区的贸易占比差距仍然较大。出口额方面，长江上、中、下游三大区域占全国的比重，2013年分别为5%、3%和36.7%，2019年分别为5.2%、4.7%和38.8%，中上游地区与长三角地区的出口份额差距有所减小。进口额方面，长江上、中、下游三大区域占全国的比重，2013年分别为2.8%、1.7%和28.9%，2019年分别为4.4%、2.6%和32.3%，中上游地区与长三角地区的进口份额差距略有拉大。

表5-1　　长江经济带三大区域贸易占全国比重　　单位：%

区域	贸易	2013年	2014年	2015年	2016年	2017年	2018年	2019年
上游	进出口	4.0	4.8	4.1	3.7	4.0	4.5	4.9
	出口	5.0	5.8	5.1	4.0	4.3	4.8	5.2
	进口	2.8	3.6	2.8	3.3	3.7	4.1	4.4

续表

区域	贸易	2013 年	2014 年	2015 年	2016 年	2017 年	2018 年	2019 年
中游	进出口	2.4	2.7	3.0	2.9	3.1	3.2	3.7
	出口	3.0	3.4	3.6	3.5	3.8	4.0	4.7
	进口	1.7	1.9	2.1	2.0	2.2	2.3	2.6
长三角	进出口	33.0	33.3	35.1	35.9	36.5	36.2	35.8
	出口	36.7	36.6	37.1	38.1	38.6	38.9	38.8
	进口	28.9	29.5	32.5	33.1	33.9	33.1	32.3

注：贸易为按照货物收发货人所在地统计。
资料来源：国家统计局、海关总署。

从长江经济带内部来看，各区域的贸易占比情况如图 5－1 所示，长三角地区在进出口额、出口额和进口额的占比均有所下降，但仍然在80%以上；中游地区在长江经济带中的进口和出口份额均有所提升；上游地区在长江经济带中的出口份额有所下降，进口份额增加。2019 年，长江上游地区、长江中游地区、长三角的进出口额在长江经济带进出口额中的占比，分别为 10.9%、8.4% 和 80.7%；三大地区出口在长江经济带出口额中的占比，分别为 10.7%、9.6% 和 79.7%；三大地区进口在长江经济带进口额中的占比，分别为 11.3%、6.6% 和 82.1%。

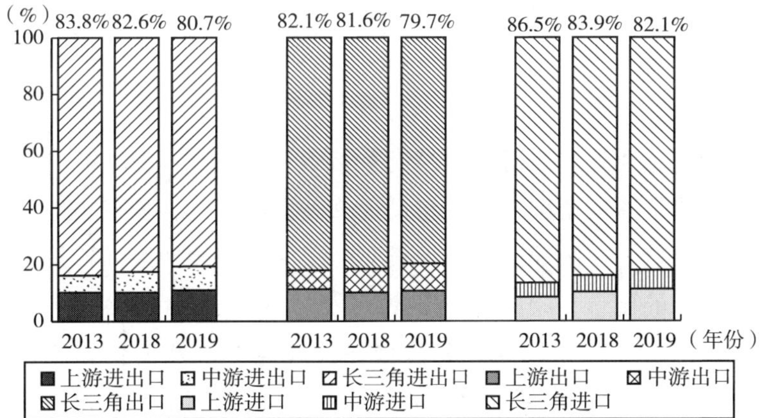

图 5－1 长江经济带中的各省市贸易占比情况

资料来源：国家统计局、海关总署。

2. 利用外资方面，中上游地区与下游地区的差距有所缩小，但仍然十分明显

因各省市利用外资流量数据口径有所差别，且存量更能体现历史差距情况，因此这里用存量数据进行分析。此外，因外商投资企业数据中的投资总额和外方注册资本数据分析结果有一定差异，两项指标均纳入分析。外商投资企业投资总额情况如表 5 -2 所示，长江经济带各区域外商投资企业投资总额占全国的比重中，上游地区均有所降低，中游地区上升。长江上、中、下游地区外商投资企业投资总额占全国的比重，2013 年分别为 4.8%、4.7%和 40.0%，2018 年分别为 4.3%、5.3%和 32.2%。在长江经济带内部，三大地区外商投资企业投资总额在长江经济带外企投资总额的占比情况，中上游的占比均有所上升，长三角地区的占比下降。2013 年长江上、中、下游地区的占比分别为 9.6%、9.5%和 80.9%，2018 年的占比分别变为 10.3%、12.7%和 76.9%。

表 5 -2　长江经济带三大区域外商投资企业投资总额占全国的比重　单位：%

区域	2013 年	2014 年	2015 年	2016 年	2017 年	2018 年
上游	4.8	5.0	4.8	4.7	4.0	4.3
中游	4.7	5.0	4.7	4.6	5.2	5.3
长三角	40.0	41.1	40.6	39.1	32.2	32.2

资料来源：国家统计局。

外商投资企业外方注册资本情况如表 5 -3 所示，长江经济带各区域外企外方注册资本占全国的比重与投资总额指标相近，长三角地区和上游地区均有所降低，中游地区上升。长江上、中、下游地区外资投资企业投资总额占全国的比重，2013 年分别为 4.8%、4.6%和 40.8%，2018 年分别为 4.5%、5.2%和 36.1%。各区域在长江经济带外资企业外方注册资本的占比情况，区域间差距的缩小程度不及投资总额指标。长江经济带内部，2013 年长江上、中、下游地区的占比分别为 9.5%、9.2%和 81.2%，2018 年的占比分别变为 9.8%、11.3%和 78.9%。

表5－3　长江经济带三大区域外商投资企业外方注册资本占全国比重　单位：%

区域	2013年	2014年	2015年	2016年	2017年	2018年
上游	4.8	4.9	4.6	4.5	4.2	4.5
中游	4.6	5.0	4.7	4.5	5.0	5.2
长三角	40.8	42.2	41.8	40.3	37.7	36.1

资料来源：国家统计局。

3. 对外投资方面，长三角区域和长江中上游地区的差距进一步拉大

各省市对外直接投资分流量数据和存量数据，存量更能体现长期积累情况，因此这里用存量数据进行分析。从全国来看，长江经济带三大区域对外直接投资占比的变化呈分化趋势，中上游地区呈下降趋势，长三角地区呈上升趋势，占比差距进一步拉大。上游地区对外直接投资存量占全国的比重，2013年为5.3%，2018年降至4.0%；中游地区对外直接投资存量占全国的比重，2013年为4.5%，2018年降至2.9%；长三角地区对外直接投资存量占全国的比重，2013年为26.6%，2018年为31.1%（见表5－4）。

表5－4　长江经济带三大区域对外直接投资存量占全国合计的比重　单位：%

区域	2013年	2014年	2015年	2016年	2017年	2018年
上游	5.3	5.0	4.4	3.7	3.6	4.0
中游	4.5	4.2	3.9	3.4	2.8	2.9
长三角	26.6	25.8	31.8	30.1	35.7	31.1

注：分国内省（市、自治区）统计对外直接投资额时，划分为中央合计和地方合计，地方合计再细分为各省（区、市），因此占比的分母为全国对外直接投资的地方合计数。

资料来源：2018年度中国对外直接投资统计公报。

从长江经济带内部来看，各区域对外直接投资存量占比如图5－2所示，长江中上游地区与长三角地区差距拉大体现得更为直接。长江上、中、下游地区对外直接投资存量占长江经济带对外直接投资存量的比重，2013年分别为15%、12%和73%，2017年分别为8%、7%和85%，2018年分别为11%、7%和82%。

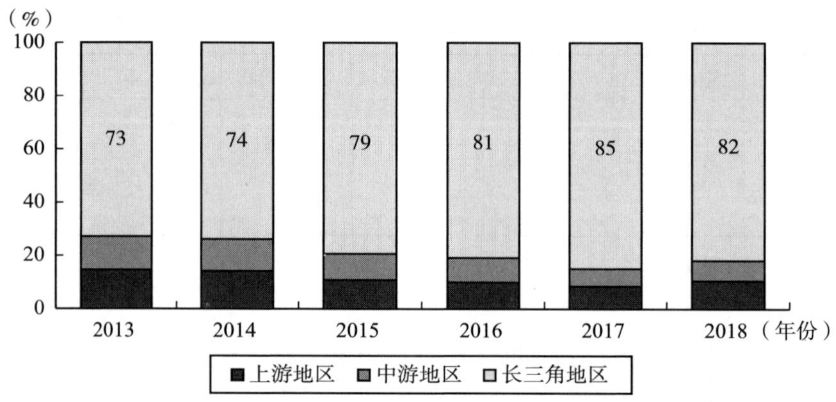

图 5－2　长江经济带内部对外投资存量占比情况

资料来源：2018 年度中国对外直接投资统计公报。

（二）各省市开放单兵推进特征明显

要构建长江经济带东西双向、海陆统筹的对外开放新格局，长江经济带沿线 11 省市的开放联动性必不可少。但目前，无论是各省的规划还是合作机制中，对外开放领域的合作与联动的内容偏少，各省市开放单兵推进的特征明显。

1. 各省市规划中涉及对外开放合作的内容较少

从长江经济带沿线 11 省市规划来看，分析表 5－5 中梳理的各省市“十三五”规划可知，关于与长江经济带在联动开放中的重点任务主要在开放篇章阐述。但各省规划中，与其他长江经济带省市合作的领域，集中在基础设施建设、生态环境保护、产业转移和承接方面，涉及对外开放合作的内容较少，且主要为对外开放通道建设和口岸通关一体化。长江上、中、下游各选择一个省市为例。长江上游地区以重庆为例，重庆在规划中关于与长江经济带沿线省市的合作重点，主要为基础设施互联互通、市场一体化发展、公共服务共建共享、环境保护联防联控，共同培育世界级产业集群，有序承接产业转移。长江中游地区以江西为例，在全面参与长江经济带建设中，其重点任务为构建联江通海的综合交通体系、提升产业对接合作水平、健全沿江协同协作机制。具体涉及对外开放的内容为争取在省内设立自贸试验区，以及主动融入长江经济带海关区域通关一体化和检验检疫一体化，提升通关效率。长江下游地区以上海为例，其在规划中与沿江省市共建长江经济带，主要是在生态环保、综合交通走廊、大通关协作、统一市场建设和产业合作方面。

表 5－5　长江经济带各省市“十三五”规划中开放部分主要内容

省市	“十三五”规划中开放部分主要内容
上海	一是建设更高水平的自贸试验区。二是提升“引进来”的能级和水平。三是拓展“走出去”新空间。四是提升城市国际影响力。五是全面参与“一带一路”建设。六是与沿江省市共建长江经济带。七是深入推进长三角地区协同发展。八是全力对口支援和合作交流工作
江苏	一是积极参与“一带一路”建设，包括拓展对外开放新空间、强化新亚欧大陆桥经济走廊重要战略节点支撑、深化与沿线国家和地区全方位交流合作。二是推动开放型经济转型升级，包括巩固提升外贸竞争优势、提高利用外资质量和水平、营造优良营商环境。三是加快走出去步伐，包括培育壮大境外投资主体、加强国际产能和装备制造合作、健全走出去综合服务体系。四是提升对外开放载体功能，包括促进开发区转型升级、构建开放合作新载体、推动特殊开放功能区创新发展
浙江	一是努力争当“一带一路”建设排头兵，包括深入实施更加主动的“走出去”战略、进一步提高利用外资质量和水平、创新对外开放体制机制。二是积极参与长江经济带和区域合作发展，包括积极参与长江经济带建设、深入推进长三角区域协同协调发展、深化国内合作和对口支援（帮扶）。三是全力打造重大开放平台，包括全方位提升宁波舟山口岸开放水平、深化义乌市国际贸易综合改革、加快杭州及宁波跨境电子商务综合试验区、打造温台沿海开放合作平台、推进各类开放载体建设
安徽	一是全面融入国家“三大战略”，包括主动参与“一带一路”建设，积极打造长江经济带重要战略支撑、加快对接京津冀协同发展。二是深化长三角一体化发展，包括加快体制机制对接、推动重点领域一体化、共建全国重要的先进制造业和现代服务业基地。三是推动大通道大平台大通关建设，包括畅通对外开放大通道、推动一体化大通关、加强口岸和海关特殊监管区域建设。四是加快培育外贸竞争新优势，包括优化贸易结构、加快发展服务贸易、创新外贸发展模式。五是提升承接产业转移水平。六是扩大对外投资合作，包括推动国际产能和装备制造合作、加强“走出去”服务支持。七是加快开发区转型升级，包括促进产城融合、推动绿色集约发展、创新园区体制机制
江西	一是主动对接融入“一带一路”建设，包括加快打通对外开放战略通道、提升与沿线国家经济合作水平、积极拓展人文交流合作。二是全面参与长江经济带建设，包括构建联江通海的综合交通体系、提升产业对接合作水平、健全沿江协同协作机制。三是促进高水平“引进来”，包括全面扩大开放领域、提升招商引资质量、做大做强开放平台、优化投资营商环境。四是积极推动“走出去”，包括开展国际产能和装备制造合作、提升对外贸易发展水平、完善政策支持体系

续表

省市	“十三五”规划中开放部分主要内容
湖北	一是全面对接“一带一路”建设，包括加快企业走出去步伐、提升企业国际化经营水平。二是培植开放型经济新优势，包括加快对外贸易优化升级、提升招商引资质量水平、加强国际国内交流合作。三是优化开放发展环境，包括建设对外开放大通道、推进对外开放大通关、构筑对外开放大平台、构建开放型经济新体制
湖南	一是主动融入“一带一路”，包括拓宽外向通道、优化外贸结构、大规模“走出去”、高水平“引进来”。二是全面参与长江经济带建设，包括深化国内合作、强化发展联动、承接产业转移。三是优化开放发展环境，包括夯实开放开发平台、营造开放制度环境、完善开放服务体系
重庆	一是全面融入国家对外开放和区域发展战略格局，包括充分发挥在国家战略格局中的功能作用、积极扩大国际合作交流、构建区域合作新机制。二是优化完善对外开放功能，包括构建便捷畅通开放通道、完善对外开放平台体系、加快建设口岸高地。三是加快两江新区开发开放。四是高标准实施中新（重庆）战略性互联互通示范项目。五是提高开放型经济水平，包括加快贸易转型升级、全面提升利用外资水平、积极推进“走出去”
四川	一是深化多层次的国际国内合作，包括积极融入“一带一路”建设、主动参与长江经济带建设、推进与发达经济体和新兴经济体合作、深化国内区域合作、加快合作开放载体建设。二是提升开放型经济发展水平，包括保持外贸稳定增长、提升利用外资质量和水平、加快实施“走出去”战略
贵州	一是着力拓展开放合作新空间，包括积极融入“一带一路”建设、深度融入长江经济带建设、深化泛珠三角等区域合作、加强与对口帮扶等城市经济协作。二是加快发展开放型经济，包括加快发展对外贸易、统筹“引进来”和“走出去”、建立开放型经济新体制。三是积极打造开放创新平台，包括加快国家级对外开放平台建设、加快建设“5 个 100 工程”综合平台、加快推进口岸建设
云南	一是加快形成全面开放新格局，包括完善对外开放战略布局、推动周边互联互通、加快对外贸易优化升级、推动国际产能和装备制造合作。二是着力建设区域性国际经济贸易中心。三是着力打造区域性科技创新中心。四是着力打造区域性金融服务中心。五是着力打造区域性人文交流中心。六是健全开放合作体制机制，包括营造优良营商环境、完善交流合作新机制、构建开放合作新平台

资料来源：笔者整理。

2. 区域合作机制中对外开放协调的重要性不高

合作机制是长江经济带发展战略推进落实的重要保障，协调解决沿线省市各自为战的问题。但是，目前合作机制中对外开放协调的重要性不高，特别是在长江中上游地区的合作中，还不足以有效解决对外开放单兵推进的问题。表5－6梳理了长江上中下游合作机制中，明确提出了多个重点合作领域。长江上游和中游地区合作机制的重点任务相近，包括生态保护、基础设施、产业协同、市场一体化、公共服务共建共享五个方面。长三角地区的合作中，开放领域合作的重要性比长江中上游地区突出。合作的内容包括共建高水平开放平台、协同推进开放合作以及合理打造国际一流营商环境。

表5－6　　长江上中下游合作机制中的重点合作领域

区域	重点合作领域
上游	生态联防联控、基础设施互联互通、产业创新协同发展、市场一体化发展、公共服务共建共享
中游	生态环境联防联治、基础设施互联互通、产业发展协同协作、资源要素对接对流、公共服务共建共享
长三角	共建高水平开放平台，协同推进开放合作（推动重点领域开放合作、共同提升对外投资合作水平、深化国际人文合作），合理打造国际一流营商环境（加快大通关一体化、共同打造国际一流市场环境、完善国际人才引进政策）

资料来源：笔者整理。

（三）制度型开放与国际高标准经贸规则相比仍有不小差距

习近平总书记在2018年中央经济工作会议上指出，推动全方位对外开放，要推动由商品和要素流动型开放向规则等制度型开放转变。长江经济带，特别是长三角地区作为我国对外开放的前沿和高地，在制度型开放中具有重要的引领作用。但是，目前长江经济带的制度型开放水平与国际高标准经贸规则相比仍有一定差距。

1. 理论层面，制度型开放的核心是与国际高标准经贸规则的对接

实现国内经贸规则与国际高标准经贸规则有效对接，是制度型开放的核心要义。制度型开放的提出与全球化的发展趋势紧密相关。上一轮全球化是商品和要素流动型的开放，在国际经贸规则上也是注重削减甚至消除关税与非关税壁垒，促进贸易和投资的自由化发展，因此极大地促进了商

品和生产要素的跨国流动。当前经济全球化进入新阶段，体现出服务贸易快速发展、全球价值链的知识密集度提高、商品价值链的区域集中度增强等，国际经贸规则的重点也从边境规则转向边境后规则。当前，美墨加协定（USMCA）、全面与进步跨太平洋伙伴关系协定（CPTPP）、日本与欧盟的经济伙伴关系协定（EPA）、欧盟与加拿大的综合性经济与贸易协定（CETA）等已经或即将生效，美国等发达经济体主导的国际经贸规则高标准广覆盖趋势已成。高标准经贸规则的基本特征，一是实现零关税、零非关税壁垒、零补贴的“三零”目标，二是边境后规制成为改革的方向和重点。因此，涉及国有企业、竞争中立、产业补贴、技术转让、数字贸易、劳工标准、环境保护、监管一致性、反腐败等方面的规则标准，都正在成为发达国家主导的自由贸易协定谈判的主要内容，也是WTO改革的焦点，如表5－7所示。

表5－7　　WTO改革可能涉及的主要议题

WTO功能	主要议题
谈判	发展中国家认定机制
	国有企业
	产业政策（补贴政策）
	竞争政策
	知识产权
	数字经济与电子商务
监督	透明度
争端解决	争端解决机制（上诉机构成员遴选）

资料来源：笔者整理。

2. 具体在长江经济带沿线省市的制度层面，体现为制度型综合优势的差距

从上文的分析可知，制度型开放涉及很多全国性的制度，需要与国际高标准经贸规则对接。具体到各个省市中，就是相关制度的细化和落实，包括商事制度的改革、投资管理制度、贸易便利化等方面。从地方对生产

经营活力的吸引力来说，生产要素价格差距的影响力降低，营商环境等制度型成本的重要性日益凸显，特别是对于高端和创新生产要素。以营商环境为例，近年来我国营商环境快速改善，世界银行发布的《2020 年营商环境报告》中，我国排名跃居全球第 31 位，较上年提升了 15 位。但是分析表 5 - 8 可知，我国在营商环境的部分方面，与主要发达国家还存在一定差距。新西兰、韩国、美国、德国、日本等发达经济体的营商环境排名在我国之前，我国在办理施工许可、获得信贷、纳税、办理破产几个方面的排名相对靠后。

表 5 - 8　　我国与部分国家营商环境排名对比

项目	中国	新西兰	韩国	美国	德国	日本
总排名	31	1	5	6	22	29
开办企业	27	1	33	55	125	106
办理施工许可	33	7	12	24	30	18
获得电力	12	48	2	64	5	14
登记财产	28	2	40	39	76	43
获得信贷	80	1	67	4	48	94
保护少数投资者	28	3	25	36	61	57
纳税	105	9	21	25	46	51
跨境贸易	56	63	36	39	42	57
执行合作	5	23	2	17	13	50
办理破产	51	36	11	2	4	3

资料来源：世界银行。

同时，在长江经济带内部，营商环境体现为下游地区的领先和中上游地区的滞后。分析表 5 - 9 可知，长江经济带中上游地区的城市均为省会城市，且大部分排名相对靠后，而长三角地区营商环境较好的城市多且排名整体靠前。由营商环境情况可大体判断，长江经济带的制度型开放水平仍有一定差距，特别是长江中上游地区。

表5-9 城市营商环境指数前30名中的长江经济带沿线城市

区域	城市	排名
上游	成都	9
	重庆	22
	贵阳	26
	昆明	27
中游	武汉	6
	长沙	15
	南昌	30
长三角	上海	1
	南京	5
	杭州	7
	苏州	11
	合肥	13
	无锡	14
	宁波	17
	常州	25

资料来源：《2019 中国城市营商环境指数评价报告》，2019 年 5 月，https：//www. sohu. com/a/359831383_363323。

3. 具体在长江经济带沿线省市的政策层面，体现为开放政策的系统集成性不足

地方政府在制定经济发展政策、招商引资等方面，还是针对要素流动型的开放，通过税收、土地等传统优惠政策，企业获得感强、见效快。但是，提出制度型开放的重要背景之一就是服务业的竞争与开放，而以服务业为主的开放与以制造业为主的开放完全不同。从产品方面来看，制造业产品都是有形的物理存在，而服务业产品不同，且不同服务产品之间的差异很大，所需的支持政策的差异性也较大。从要素特点来看，制造业是一般都是重资产行业，而服务业为轻资产行业，核心要素为人力资本，流动性较强。因此还是通过政策优惠一次性吸引服务业的企业落地，如果当地

服务业发展基础薄弱、营商环境不完善等，服务业企业较制造业企业更易撤出。从监管方面来看，服务业涉及的主管部门较多，具体的政策制定需要部门内部和跨部门的协调。因此，在开放政策的设计上就需要针对不同的行业，或是产业链的细分环节，进行系统集成性的政策设计，将国内制度与高标准国际规则进行深度衔接。

4. 具体在长江经济带沿线省市的平台层面，体现为制度创新的力度和深度有待加强

自贸试验区建立的初衷就是通过制度创新，主动对接国际经贸新规则。目前，长江经济带已有 7 个自贸试验区。长三角地区对外开放已达较高水平，要素成本等传统优势弱化，亟须通过上海自贸试验区建设和经验复制推广，率先建立符合国际化、市场化、法治化要求的投资贸易规则体系，释放新一轮对外开放的制度红利。然而，从近几年达成的 CPTPP 协定等高标准自贸协定看，上海自贸试验区自由化便利化程度与高标准差距依然较大。特别体现在外资准入负面清单与《外商投资产业指导目录》限制类和禁止类目录差异很小，仍落后于美日韩等发达经济体市场开放程度，外商投资者普遍认为尚有较大开放空间。在资本流动方面上海自贸试验区的金融开放步伐较为缓慢，也并未取得突破性进展，只是构建了一套以分账核算体系和自由贸易账户为核心的风险管理制度。同时，自贸试验区的试点经验缺少系统性。许多复制推广的试点经验，只涉及单一部门改革，系统性不够，与制度型开放所要求的系统性综合性的改革存在差距。

（四）长三角地区传统开放模式面临较大调整压力

目前，发达经济体仍然是长三角地区的主要贸易伙伴和外商投资来源地。伴随着大变局下国际政治经济格局的深刻挑战，这种传统开放模式面临更大的调整压力。

1. 长三角对外开放的主要合作伙伴是发达经济体

从出口看，长三角地区最重要的出口贸易伙伴依次为美国、欧洲、东盟和日本，向发达国家出口占出口总额比例超过 50%。以上海为例，2019 年对美国、欧盟、日本、韩国出口额分别为 2794 亿、2371 亿、1358 亿、486 亿美元，占对外出口总额的 51.1%，从外商投资看，长三角地区各省

市通过自贸试验区、工业园区等多种对外开放平台，大力吸引外商投资，入驻外商基本以欧美跨国企业为主。苏州工业园区吸引了西门子、BOC、富士通、三星、百得等多家来自欧、美、日、韩的企业。自2019年上海颁布《上海市鼓励跨国公司设立地区总部的规定》以来，吸引了以日本伊藤忠、法国梅里埃等发达国家跨国企业为代表的企业区域总部，与发达国家的经济联系更加紧密。

2019年8月，海关总署修订《中国与东南亚国家联盟关于修订〈中国—东盟全面经济合作框架协议〉及项下部分协议的议定书》，通过升级原产地规则和贸易便利化措施，促进双边货物贸易发展。2020年1季度，东盟超过美国成为浙江第二大出口贸易、最大进口贸易合作伙伴。然而，进出口商品仍然以矿物、化工、木材纸制品、贱金属制品、纺织品等低附加值产品为主，虽然能够提振对外贸易规模，但对于实现长三角地区创新驱动发展的帮助有限。

2. 发达国家经济疲软制约长三角对外贸易发展

如表5-10所示，根据IMF公开数据测算，美国次贷危机后，世界最大的7个发达经济体中除美国外对世界经济增长贡献率均迅速下降。2009~2018年，日本、意大利分别拉低全球经济增长1.1个和0.5个百分点，德国、英国、法国、加拿大对世界经济增长贡献率也不到2000~2008年水平的一半。虽然美国对全球经济增长贡献率大幅上升，但未来仍然面临诸多不确定性。一是新冠肺炎疫情前美国经济繁荣主要得益于特朗普政府2017年底推出的减税政策，市场普遍预测减税效应将在2020年后消退。二是新冠肺炎疫情前美国劳动力市场已经达到自然失业水平，在短期内重大科技创新难有突破的背景下，经济潜在增长率仍将维持在2%左右，进一步上升可能性较小。三是新冠疫情对美国经济的冲击严重，大规模刺激政策和美联储无限量宽，或埋下经济危机的诱因。四是第一阶段中美贸易协议执行与第二轮贸易协定谈判仍然面临较多不确定性，美国很可能成为拖累全球经济增长的负面因素。相反，发展中国家在全球经济格局中地位相对上升，我国成为拉动全球经济增长的最大动力，印度、巴西、东盟等发展中国家经济也迅速发展。未来，由于发达国家外需提升空间有限，长三角地区以发达经济体为主要合作伙伴的传统开放模式面临转型挑战，出口稳定增长压力加大。

表 5－10　　2000 年以来前十大经济体对世界经济增长的贡献率　　单位：%

国别	2009～2018 年年均贡献率	2000～2008 年年均贡献率
美国	24.8	14.9
中国	34.0	11.3
日本	－1.1	0.5
德国	2.4	6.1
英国	1.7	4.3
法国	0.3	5.2
印度	5.6	2.5
意大利	－0.5	4.2
巴西	0.8	3.5
加拿大	1.4	2.7

资料来源：国际货币基金组织。

3. 发达国家提高投资壁垒影响长三角国际投资合作

近年来，由于我国国力明显增强，在部分领域的差距迅速缩小，发达国家对我国的警惕性显著提高。美国通过立法强化外国投资委员会（CFIUS）权限，全面收紧外资安全审查政策；欧盟也加速外资安全审查立法步伐，发布《欧盟外国直接投资审查框架条例》；日本修订《外汇法》，将触发外资安全审查的股比变动门槛下调至 1%；澳大利亚、加拿大、英国等国也纷纷跟进。作为我国外向型经济发展起步较早地区，发达国家收紧外资安全审查对长三角地区与发达国家开展经贸合作的负面影响不容忽视。从“引进来”方面看，长三角地区近年来向创新驱动发展的趋势明显，引进全球创新要素促进经济高质量发展的需求较强。受本国政府对华态度影响，跨国公司在长三角布局高技术环节的意愿有下降的可能性，提高长三角地区引进高技术产业难度。从“走出去”方面看，发达国家普遍将战略新兴产业和关键基础设施、高技术产业、个人敏感信息视为影响国家利益的关键领域，长三角已经具备国际竞争力的相关领域企业出海面临更高的成本和风险。即使在部分“非敏感”行业，也可能因为客户或供应商中存在涉及“国家安全”的企业，导致海外投资受挫。

4. 新冠肺炎疫情加快全球产业链重构给长三角开放型产业发展带来复杂影响

后疫情时代，西方发达国家将力图在产业、规则、技术三大重点领域重塑全球经济格局。一是产业链“缩链”进程将加快。新冠肺炎疫情导致人员、资本、货物流动受阻，暴露出全球产业链的脆弱性。美日欧鼓励制造业回流本土或者多元化布局。后疫情时代，发达国家料将继续推进构建区域化供应链，这将削弱长三角地区在全球产业链中的地位。二是国际经贸规则将加速改变。近来，随着疫情在美国的不断加剧，特朗普政府再次公开场合鼓吹“全球价值链重构”，试图借疫情瓦解基于自由贸易的全球价值链。“后疫情时代”，跨国公司出于供应链安全和 USMCA 的政策考量，或将逐步减轻对我市场依赖并推动重要生产环节“去中国化”。新冠肺炎疫情导致的贸易限制和禁航禁运还严重破坏了 WTO 框架下的国际自由贸易体系，叠加全球贸易保护主义思潮，国际经贸或将出现“选边站”的格局。长三角地区作为我国外向型经济最为发达的地区之一，与其他区域相比，全球经贸规则变化将导致更高的不确定性。三是高新技术主权意识加剧。欧盟委员会在新冠肺炎疫情期间颁布《欧洲工业战略》，旨在强化欧盟在全球科技和产业竞赛中的竞争力和战略自主性，美国试图主导疫苗开发进程。新冠疫情加剧外资安全审查趋严走势，未来个别国家甚至会对我国所有高新技术产业关闭市场。后疫情时代，长三角在产业链调整过程中面临新的挑战。

（五）云南面向南亚东南亚的辐射带动能力亟待进一步提升

云南具有辐射南亚、东南亚国家的区位优势。云南与邻国的边境线总长为4060 公里，其中中缅段 1997 公里、中老段 710 公里、中越段 1353 公里，有出境公路 20 多条。云南有 15 个民族与境外相同民族在两侧居住，辐射南亚、东南亚国家具有较为坚实的民意基础。近年来，我国西部大开发、孟中印缅经济走廊等政策与战略，为云南辐射南亚、东南亚国家创造了有利的机制和平台。2011 年以来，党中央、国务院、国家发展改革委多次发文支持云南加大对外开放力度，扩大对外影响力（见表5－11）。然而，基础设施、对外开放平台及产业短板制约着云南充分利用沿边开放的传统优势和进一步促进外向型经济的发展。

表5－11　　国家在整体战略层面涉及云南扩大开放政策汇总

年份	文件名	主要内容
2019	《国务院关于印发6个新设自由贸易试验区总体方案的通知》	其中，提出中国（云南）自由贸易试验区总体方案，除了加快转变政府职能、深化投资领域改革、推动贸易转型升级和深化金融领域开放创新之外，还要求云南创新沿边经济社会发展新模式、加快建设我国面向南亚东南亚辐射中心等
2019	《关于支持云南省加快建设面向南亚东南亚辐射中心的政策措施》	提出深化与南亚东南亚国家农业、互联互通和产能、经贸、金融、人文等5个方面共计14条具体的合作方案，对进一步发挥区域优势，完善内联外通纽带功能，统筹对外开放与对内合作，推动引进来和走出去相结合，更好融入和服务“一带一路”建设、长江经济带发展、泛珠三角区域合作具有重要指导意义
2019	《西部陆海新通道总体规划》	我国将建设重庆—贵阳—南宁—北部湾出海口，重庆—怀化—柳州—北部湾出海口、成都—泸州（宜宾）—百色—北部湾出海口三条西部陆海主通道，形成重庆、成都、北部湾港、洋浦港等主要陆海通道枢纽，形成纵贯我国西南地区，衔接丝绸之路经济带和21世纪海上丝绸之路，有机连接中国与东南亚、南亚、中亚、西亚以及中国内陆与沿海、东西双向的陆海贸易通道。涉及云南的主要是：重点培育云南腾俊国际陆港国家级示范物流园区、昆明王家营西铁路物流基地，重点建设昆明经济技术开发区陆港经济区、昆明长水临空经济区等枢纽经济
2015	《国务院关于支持沿边重点地区开发开放若干政策措施的意见》	深入推进兴边富民行动，实现稳边安边兴边；改革体制机制，促进要素流动便利化；调整贸易结构，大力推进贸易方式转变；实施差异化扶持政策，促进特色优势产业发展；提升旅游开放水平，促进边境旅游繁荣发展；加强基础设施建设，提高支撑保障水平；加大财税等支持力度，促进经济社会跨越式发展；鼓励金融创新与开放，提升金融服务水平。其中，“沿边重点地区”涉及云南的主要包括：云南勐腊（磨憨）重点开发开放试验区、瑞丽重点开发开放试验区，河口铁路口岸，天保、都龙、河口、金水河、勐康、磨憨、打洛、孟定、畹町、瑞丽、腾冲等公路口岸，景洪市、芒市、瑞丽等边境城市，以及河口边境经济合作区、临沧边境经济合作区、畹町边境经济合作区、瑞丽边境经济合作区

续表

年份	文件名	主要内容
2011	《国务院关于支持云南省加快建设面向西南开放重要桥头堡的意见》	战略定位：云南要打造我国向西南开放的重要门户，我国沿边开放的试验区和西部地区实施“走出去”战略的先行区，西部地区重要的外向型特色优势产业基地，我国重要的生物多样性宝库和西南生态安全屏障，我国民族团结进步、边疆繁荣稳定的示范区。具体措施：强化基础设施建设，提高支撑保障能力；依托重点城市和内外通道，优化区域发展布局；加强经贸交流合作，全面提升开放水平；立足资源和区位优势，建设外向型特色产业基地；加强生态建设和环境保护，实现可持续发展；大力发展社会事业，切实保障和改善民生；加快脱贫致富步伐，建设稳定繁荣边疆；加大政策支持力度，创新体制机制

资料来源：根据中国政府网资料整理。

1. 基础设施建设存在短板

从运输方面看，虽然沪昆铁路开通显著提升了云南铁路运输水平，但未能从根本上改变铁路发展滞后的现实。云南公路运输也存在较大短板。根据2019年《云南统计年鉴》，2019年云南等级公路总里程超过25万公里，但大部分仍然为4级公路，高速公路里程仅有5184公里。不仅与东部、中部地区相比较弱，与贵州省6横7纵8联通4环线的高速公路规划相比也远远不足。与云南接壤的国家铁路、公路运输建设更加滞后。除了昆曼公路于2013年通车、中老昆万铁路有序推进以外，云南与周边国家基础设施联通建设大部分仍然处于前期准备阶段，现有公路等级低、通而不畅问题依然突出。例如木姐至腊戌段公路日均车流量已经超过9000辆，但公路设计流量仅为日均3000辆，交通拥堵情况凸显。受外方政局影响，基础设施互联互通推进缓慢。例如，原计划于2014年动工的中缅铁路，由于受到缅甸政局更迭及当地居民反对等原因影响，直至2019年1月才开始启动勘测工作。

2. 对外平台开放平台建设质量不高

云南对外开放平台主要有自由贸易试验区、国家级新区、跨境经济合作区三个种类。云南自贸试验区共有三个片区，分别为昆明、红河和德宏。但调研发现，中缅边合区建设仍存在较多问题（见表5－12）。但是在货物运输、司法、货币清算等领域缺乏国家层面的相关协定，制约了云南省与南亚东南亚国家的合作深度和广度。国家级新区缺乏拉动经济整体发展的支柱型产业，吸引省外、境外企业能力不足。跨境经济合作区普遍存在规模小、功能少、信息化水平和通关效率低等问题。2017 年由中方建议设立瑞丽—木姐跨境经济合作区，截至目前仍然以来原料型、资源型、初加工等传统产业为主，对云南与缅甸的经济拉动较小。

表 5－12　　　　中缅边合区建设存在的主要问题

名称		国内原因	国外原因
核心区	姐告国际商务核心区	国家、省、州层面统筹协调推进力度不足	缅方缺乏相应的法律文件
	畹町国际产业合作区	缺乏相应的管理机构	缅方缺乏合作基础
	芒令国际港务区	缺乏资金支持	—
	环山装备制造区	差异化扶持政策缺乏	—
配套区	弄岛产业拓展区	与弄岛镇合署办公，缺乏必要的管理机构	—
		基础设施建设资金缺乏	
		扩区移位政策缺乏	
中缅陆水联运大通道		—	在南坎没有设立对等的边境检查站、海关常设机构

资料来源：根据笔者调研和整理。

3. 产业的支撑作用偏弱

从产业基础看，2019 年云南三次产业比为 13.1∶34.3∶52.6，产业结构看似合理，但云南并未经历深度工业化过程，第二产业占比在 1998 年达到 44.7% 的峰值，仅比改革开放初期高不到 5 个百分点。从特色产业看，云南特色产业集中在特色农作物、矿产资源行业等资源密集型产业为主，而机械装备、电子信息等深度参与全球分工的制造业进展缓慢，融入全球供应链程度不高，难以通过在价值链低端完成技术与资本积累，迈向价值链高端的传统路径形成辐射周边国家的产业基础。

4. 与云南接壤地区承接产业转移能力不足，在吸引全球要素转移方面同云南属于竞争关系

老、越、缅与云南接壤的地区不仅经济发展滞后，而且存在较大的政治不确定性，难以承接云南产业转移。缅甸与云南接壤的地区多被佤邦联合军、克钦独立军、果敢同盟军、勐拉军等民族地方武装控制，与中央政府存在深刻矛盾。老挝与云南接壤的丰沙里省是中老主要贸易门户，却是老挝最为贫穷的地区之一，传统上依赖鸦片种植，产业基础薄弱。越南和云南接壤的老街等四省地形以丘陵为主，交通等基础设施建设滞后，工业化程度低。同时，云南和南亚东南亚国家在吸引全球生产要素方面存在竞争性。印度、越南、柬埔寨意图通过工业化快速发展经济，利用人力成本优势吸引劳动密集型产业，加大税收、土地、环保等方面政策优惠力度，叠加近年来西方国家意图将我国排除在全球产业链之外的国际环境，大量跨国企业布局南亚东南亚国家，增加了云南辐射周边国家的难度。

（六）中上游内陆地区对外开放面临更多困难和挑战

以贵州、四川、重庆、湖北、湖南、江西为代表的中上游内陆地区具有“不沿海、不沿边”的劣势，制约了内陆地区全方位对外开放，无疑是内陆地区充分融入长江经济带的短板。此外，内陆地区多以承接沿海地区的产业转移为主，加之营商环境不够完善，导致对外开放的可持续性较差。

1. 内陆开放具有天然劣势，对外开放进程有待提高

整体上看，中上游内陆地区在经济总量、人均 GDP、对外开放水平等领域均与长江经济带下游地区及全国平均水平存在差距。

从经济总量看，中上游内陆六地经济规模虽不断提升，但与下游地区仍有差距。2019 年，中上游内陆六地共计实现地区生产总值 19.73 万亿元，贵州、四川、重庆、湖北、湖南、江西分别实现 8.3%、7.6%、6.3%、7.5%、7.6%、8.0% 的经济增长；占长江经济带经济总量的 43.1%，较上年提高 0.3 个百分点；占全国经济总量的 20.0%，较上年提高 0.2 个百分点。但与长三角地区（上海、江苏、浙江、安徽）相比，仍不及江浙沪三地的地区生产总值，2019 年为 20.01 万亿元（见表 5－13）。

从发展水平看，中上游内陆地区尚未迈进领先团队，略低于全国平均水平。以人均 GDP 衡量，中上游内陆地区仍有很大的进步空间（见表 5－13）。2019 年，中上游内陆六地人均 GDP 为 5.36 万元，较全国平均水平低 1.72 万元，较长江经济带地区平均水平低 0.72 万元，较长三角地区平均水平低 1.92 万元。分地区看，中上游内陆地区大部分省市人均 GDP 水平位于全国中后列，湖北、重庆、湖南、四川、江西、贵州分别位列全国第 9、10、15、18、21、26 名。

表 5－13　　2019 年长江经济带中上游内陆地区经济基本情况

区域	省市	地区生产总值（亿元）	经济增速（%）	人均 GDP（万元）
中上游内陆地区	贵州	16769.3	8.3	4.63
	四川	46615.8	7.5	5.57
	重庆	23605.8	6.3	7.56
	湖北	45828.3	7.5	7.73
	湖南	39752.1	7.6	5.75
	江西	24757.5	8.0	5.31
下游地区	上海	38155.3	6.0	15.71
	江苏	99631.5	6.1	12.35
	浙江	62352.0	6.8	10.66
	安徽	37114.0	7.5	5.83

资料来源：各省市 2019 年国民经济和社会发展统计公报。

从对外贸易看，开放型经济发展仍不足，对经济增长贡献亟待提高。2019 年，中上游内陆地区进出口总额为 3598.19 亿美元，较上年增长 11.1%，增幅较全国高出 12.0 个百分点，呈逆势上涨态势。然而，从相对规模看，中上游内陆地区对外贸易占全国比重为 7.9%，较长三角地区低 23.8 个百分点；占长江经济带地区比重为 17.7%，较长三角地区低 62.9 个百分点。分进出口看，中上游内陆地区出口额为 2318.18 亿美元，较上年增长 12.9%，占全国的 9.3%，占长江经济带的 19.1%；进口额为

1280.01 亿美元，较上年增长 7.9%，占全国的 6.2%，占长江经济带的 15.7%（见表 5－14）。

表 5－14　　2019 年长江经济带中上游内陆地区对外贸易情况

区域	省市	进出口总额（亿美元）	增速（%）	出口额（亿美元）	增速（%）	进口额（亿美元）	增速（%）
中上游内陆地区	贵州	65.68	－13.6	47.40	－7.5	18.28	－26.3
	四川	984.01	9.4	565.45	12.3	418.55	5.8
	重庆	839.50	6.2	538.03	4.8	301.46	9.0
	湖北	571.61	8.3	359.95	5.6	211.65	13.1
	湖南	628.50	35.2	445.41	45.8	183.09	14.9
	江西	508.90	5.7	361.93	6.6	146.97	3.2
	合计	3598.19	11.1	2318.18	12.9	1280.01	7.9
下游地区	上海	4939.05	－4.2	1989.94	－3.9	2949.11	－4.4
	江苏	6295.16	－5.2	3948.28	－2.3	2346.88	－9.7
	浙江	4472.25	3.4	3346.05	4.2	1126.20	1.2
	安徽	687.30	9.4	404.11	11.6	283.19	6.3
	合计	16393.76	－2.1	9688.38	0.0	6705.38	－5.1

资料来源：国家统计局。

从利用外资和对外投资看，虽然规模有所扩大，但是所占比重难见起色。截至 2018 年末，中上游内陆六地累计吸引外资 6947.26 亿美元，较 2013 年提高了 1.3 倍；占全国累计吸引外资的 8.9%，较 2013 年仅提高 0.2 个百分点；占长江经济带地区累计吸引外资的 21.4%，较 2013 年提高 3.7 个百分点。分地区看，截至 2018 年末，湖南、湖北两省累计吸引外资规模分别达到 1831.85 亿美元和 1422.75 亿美元，分列长江经济带中上游地区的前两名，但与长三角地区仍有较大差距；江西、贵州两省在吸引外资领域具有明显的劣势，规模分别为 877.20 亿美元和 453.03 亿美元，分别处于长江经济带 11 省市的倒数第三名和倒数第一名。就对外投资存量而言，内陆地区明显不及沿海地区。2013～2018 年，中上游内陆地区对外投资存量增长了2.5倍，而同期全国增长了3.5倍，长江经济带地区增长了3.7倍，长三角地区增长了4.3倍。就对外投资流量而言，内陆地区对外投资的相对规模甚至略有下降。2018年，中上游内陆地区对外投资占全国比重为7.1%，较2013年下降0.1个百分点；占长江经济带地区的比重为15.8%，较2013年下降5.0个百分点（见表5－15）。

表5－15　长江经济带沿江省市吸引外资和对外投资情况

地区	吸引外资存量			对外投资存量		
	2013年	2018年	倍数	2013年	2018年	倍数
全国	35176	77738	2.2	1649	7488	4.5
上海	4579	8849	1.9	178	1181	6.6
江苏	6664	10560	1.6	112	461	4.1
浙江	2404	4458	1.9	110	574	5.2
安徽	416	1130	2.7	38	112	3.0
江西	588	877	1.5	12	42	3.5
湖北	654	1423	2.2	17	65	3.7
湖南	405	1832	4.5	45	109	2.4
重庆	588	1107	1.9	19	120	6.2
四川	725	1256	1.7	27	91	3.4
贵州	119	453	3.8	3	6	1.9
云南	241	544	2.3	39	84	2.2

资料来源：《中国统计年鉴2019》，中国统计出版社2019年版。

从开放平台看，建设速度与经济发展水平不成比例。根据《中国开发区审核公告目录》（2018年版），中上游内陆六地国家级经济技术开发区共计39家、高新技术产业开发区共计37家、海关特殊监管区20家，占全国的比重分别为17.8%、23.7%、14.8%，与经济体量略有不符（见表5－16）。长三角地区，仅江苏省就拥有26个国家经开区、17个国家级高新区和21个国家级海关特殊监管区。此外，虽然湖北、重庆、四川三地拥有自由贸易试验区，但与东部沿海自贸试验区在贸易投资便利化自由化、金融创新服务实体经济、政策先行先试等方面有较大差距。

表 5－16　　长江经济带中上游内陆地区国家级开发区平台情况

平台	中上游内陆地区	上海	江苏	浙江
国家级经开区	39	6	26	21
国家级高新区	37	2	17	8
国家级海关特殊监管区	20	10	21	8

资料来源：《中国开发区审核公告目录》（2018 年版），2018 年 2 月。

2. *以承接产业转移为主，要素禀赋优势逐渐弱化*

中下游内陆地区以承接东部沿海地区劳动密集型产业的转移为主，产业结构更多是东部地区的延伸。早在 2010 年，国务院就印发了《关于中西部地区承接产业转移的指导意见》，提出要依托中西部地区产业基础和劳动力、资源等优势，推动重点产业承接发展，进一步壮大产业规模，加快产业结构调整，培育产业发展新优势，构建现代产业体系，做好劳动密集型产业、能源矿产开发和加工业、农产品加工业、装备制造业、现代服务业、高技术产业、加工贸易等七项产业承接，引导转移产业向园区集中，规范发展产业园区，发挥重点地区引领和带动作用等。目前，全国已获批在建的国家承接产业转移示范区共计 8 个，其中隶属长江经济带中上游内陆地区的包括：湘西湘南承接产业转移示范区、湖北荆州承接产业转移示范区、江西赣南承接产业转移示范区、重庆沿江承接产业转移示范区，覆盖中上游内陆地区的四省市。

从产业结构看，中下游内陆地区具有高度的相似性，相互竞争加剧。中上游地区具有第一产业、第二产业比重偏高的特点（见图 5－3）。就 2019 年中上游内陆六地的三次产业结构而言，除重庆外，其余五省第一产业增加值占当地生产总值的 10% 左右，而江浙两省第一产业占比仅在 4%，上海第一产业占比不足 0.3%；除江西、湖北、重庆外，其余三省第二产业增加值占当地生产总值的比重不足 40%，江西、湖北两地的第二产业也以能源、矿产等重化工业为主。此外，长三角、珠三角、环渤海等发达地区在部分战略新兴产业领域已形成一定的竞争优势，中西部地区虽不断扩大政策支持和加大资金投入，但区域内部竞争日趋激烈。加之受贸易摩擦和贸易保护的影响，内陆地区以劳动力密集型方式参与的新一代信息技术等产业首当其冲，对外开放将受到较大冲击。

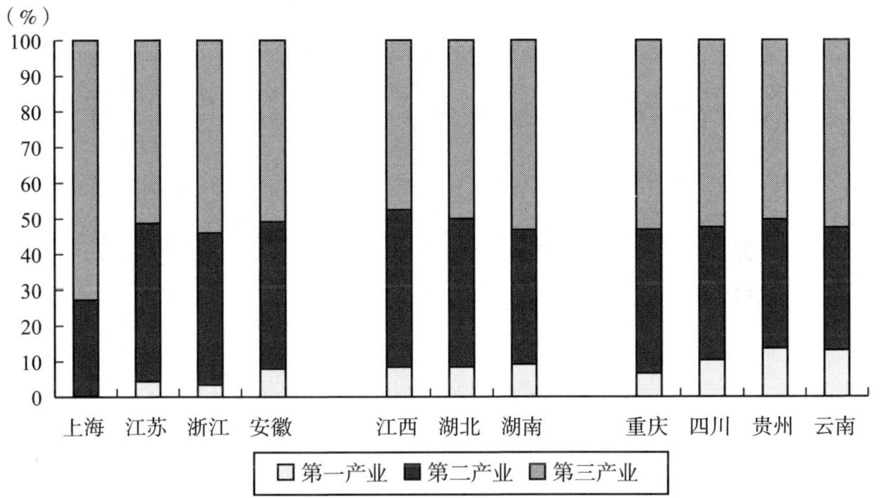

图 5－3　2019 年长江经济带各地三次产业结构

资料来源：相关省市 2019 年国民经济和社会发展统计公报。

专栏 5－1　中上游内陆地区产业发展与转移指导目录

根据工业和信息化部发布的《产业发展与转移指导目录（2018 年本）》，中上游内陆地区重点承接发展的产业方向如下。

重庆：电子信息、汽车、机械、智能制造装备、新能源、新材料、轨道交通、船舶及海洋工程装备、航空航天、化工、医药、食品、轻工、纺织、生产性服务；

四川：电子信息、轻工、纺织、医药、食品、有色金属、化工、钢铁、建材、机械、汽车、轨道交通、船舶与海洋工程装备、航空航天、新材料、智能制造装备、新能源、生产性服务业、节能环保产业；

贵州：电子信息、医药、机械、汽车、航空航天、智能装备制造、轨道交通、新能源、化工、新材料、有色金属、钢铁、建材、食品、轻工、纺织、生产性服务业、节能环保行业；

江西：电子信息、医药、有色金属、航空航天、汽车、轨道交通、智能制造装备、钢铁、食品、纺织、建材、机械、轻工、新材料；

湖北：电子信息、智能制造装备、汽车、医药、新材料、机械、食品、轻工、纺织、新能源、轨道交通、航空航天、船舶及海洋工程装备、生产性服务业、化工、有色金属、钢铁、建材、节能环保产业；

湖南：机械、汽车、航空航天、轨道交通、化工、钢铁、有色金属、电子信息、建材、食品、纺织、轻工、医药、新材料、智能装备制造。

从外贸产品结构看，中上游地区以劳动力密集型商品为主，而下游地区资本密集型商品的比重不断上升。具体来看，上游地区进口商品以矿产品、化工产品、运输设备、电子仪器、玻璃制品、服装、鞋类、机电产品等，出口商品以皮革制品、纺织品、贱金属及其制品、机器零件、自动数据处理设备、机电产品为主；中游地区进口产品以铁矿石、机械设备、集成电路及其零件、电器及电子产品为主，出口商品以机械设备、化工产品、船舶、服装、钢材、机电产品为主；下游地区进口商品以集成电路、液晶显示板、矿产品、橡胶、机械设备为主，出口商品以高新技术产品、机电产品、自动数据处理设备、船舶、汽车、服装、纺织品等。

从要素禀赋看，中上游内陆地区成本低廉的优势逐渐消失。就劳动力成本而言，2018 年，上游重庆、贵州、四川等地的城镇单位就业人员年平均工资分别达到 78928 元、78316 元和 77686 元，仅次于江苏的 84688 元，分列全国的第 9、11、12 名；中游湖北、湖南、江西等地的城镇单位就业人员年平均工资相对较低，但增速较快，分别为 11.9%、11.6% 和 10.3%，四川、重庆两地的工资增速也分别高达 11.9% 和 11.3%，位列全国工资增速前列。就环保成本而言，上游地区生态屏障建设任务重，加之自然灾害频发，环境保护和生态建设成本日益提高；中游地区受前期重化工业发展、矿业开采、重大水利工程建设、全球气候变化等因素影响，生态功能脆弱性加剧。就物流成本而言，内陆地区开放通道数量少、层级低、通畅性差，物流成本偏高，货物运输体系不完善，严重阻碍了开放所需要保障的人流、物流、信息流顺畅流通。高铁运输方面，长三角城市群拥有京沪、沪昆、沪汉等多条高速及快速铁路，时速可达 350 千米/小时；航空运输方面，成都双流国际机场正逐渐被深圳宝安国际机场赶超，内陆地区国际机场的国际客流量占比、国际货运量占比与国际航空枢纽 57%、67% 的平均水平均有较大差距。

3. 营商环境不够优化，城市竞争力有待提高

内陆地区存在营商环境不够完善、开放意识和开放能力较弱等问题，城市国际竞争力有限，难以对全球优质资源要素形成吸附聚集效应，制约了打造内陆开放高地的步伐。

由中国战略文化促进会、中国经济传媒协会、万博新经济研究院和第一财经研究院联合发布的《2019 中国城市营商环境指数评价报告》显示，中上游内陆地区省会城市武汉、成都、长沙、重庆、贵阳、南昌分列第 6、9、15、22、26、30 名，不及下游地区上海、南京等城市的排名。从自然环境、基础设施环境等硬环境指标看，仅有武汉进入前十名，位列第 5；从技术创新环境、金融环境、人才环境、文化环境、生活环境等软环境指标看，仅有武汉和成都进入前十名，分列第 7 和第 9。就城市群排名而言，该报告选取珠江三角洲城市群、长江三角洲城市群、中原城市群、长江中游城市群、山东半岛城市群、京津冀城市群、海峡西岸城市群作为研究对象，长江中游城市群仅列第 6 名，属于第三梯队（见表 5 - 17）。

表 5-17　　各城市群营商环境指数排名

城市群	营商环境指数	排名	硬环境指数	排名	软环境指数	排名
珠三角城市群	63.75	1	62.02	2	64.91	1
长三角城市群	58.47	2	60.35	3	57.21	3
山东半岛城市群	57.59	3	62.59	1	54.25	4
京津冀城市群	54.25	4	49.39	4	57.50	2
海峡半岛城市群	46.60	5	46.80	5	46.47	5
长江中游城市群	45.15	6	46.44	6	44.72	6
中原城市群	35.60	7	41.31	7	31.80	7

资料来源：《2019 中国城市营商环境指数评价报告》，2019 年 12 月。

从全球竞争力看，中西部城市难以与东部城市匹敌，内陆地区难以与沿海地区匹敌。由中国社会科学院与联合国人居署联合发布的《全球城市竞争力报告 2019～2020：跨入城市的世界 300 年变局》显示，中国有 39 个城市跻身全球经济竞争力 200 强；其中，中上游内陆城市仅有武汉、成都、长沙、重庆、南昌五市，分列第 43、54、68、81、197 名，不及上海（10）、苏州（25）、南京（42）等下游城市。就可持续竞争力而言，仅有武汉、成都、长沙入选前 200 强，分列第 122、143、165 名，不及下游城市，与西方发达国家城市的差距更为明显；长三角城市群更是入选全球城市群可持续竞争力前十名，凸显长三角地区城市集聚与核心城市优先发展的双重特征。根据全球城市分级①情况，中上游内陆城市评级均为 C+ 及以下，竞争力位于全球中后列（见表 5-18）。

① 中国社会科学院与联合国人居署将全球城市分为 5 等、10 级。5 等由高到低分别为：全球城市（A）、国际枢纽城市（B）、国际门户城市（C）、区域枢纽城市（D）与区域门户城市（E）；10 级由高到低分别为：A+、A、B+、B、C+、C、D+、D、E+、E。

表 5-18　全球城市分级排名——中国前 20 强

全球排名	城市	等级	全球排名	城市	等级
4	北京	A	73	天津	C
7	上海	B+	76	重庆	C
9	香港	B	77	西安	C
34	台北	B	96	青岛	C
40	广州	C+	102	长沙	C
42	深圳	C+	108	厦门	C
59	成都	C+	112	合肥	C
60	南京	C+	117	大连	C
66	杭州	C	122	沈阳	C
69	武汉	C	130	济南	C

资料来源：《全球城市竞争力报告 2019～2020：跨入城市的世界 300 年变局》，2019 年 11 月。

二、长江经济带对外开放规划统筹实施的总体思路

（一）主要方向

当今世界正在经历百年未有之大变局，我国经济发展进入新时代，新一轮高水平对外开放加快推进。统筹实施长江经济带对外开放规划，应当围绕“陆海内外联动、东西双向互济”的全面开放要求，立足沿海沿江沿边内陆兼备的区位优势，以融入“一带一路”建设为主要抓手，继续推动商品和要素流动型开放，更要注重规则等制度型开放，紧紧抓住东西双向开放和上中下游协同开放这两个核心，全面提升长江经济带开放型经济发展水平，加强沿江各省市对外开放的协调互动，将长江经济带打造成横贯东中西的双向开放走廊、联结南北方的开放合作高地、融入“一带一路”建设的战略支撑地带。

（二）战略重点

以上海自贸试验区扩区为契机、以制度改革创新为抓手，打造长江经

济带对外开放最高地。在国企与非公有制企业关系、知识产权保护、补贴政策、数字经济、产业链监管等领域进行实体性内容的大幅制度创新，实质性提升市场对资源配置的决定性作用，全方位打造媲美欧美发达经济的一流竞争环境。在金融、教育、文化、医疗等服务业开放领域适当调整事权边界，探索向上海自贸试验区下放更多权限，配套健全外商投资安全审查制度。

以提升中欧班列和发展“轻型贸易”为抓手破解内陆物流运输难题。加强国家层面的规划和调控，暂停增设新的中欧班列始发地，推动现有始发地有序竞争，避免争抢货源。支持出口班列探索中途集拼箱，与新疆、甘肃等沿途地区建立合作机制，增强中欧班列的辐射带动作用。扩大回程货物运输，支持中欧班列与欧洲中小企业建立稳定供货机制，重点瞄准汽车、零部件、食品等增加进口。大力推动中欧班列提单一单制和物权化，缩短陆路贸易资金周转期，大幅降低中欧班列综合运输成本。在重庆、成都、武汉等中上游中心城市鼓励发展不依赖陆路运输的“轻型贸易”，形成若干航空贸易、服务贸易和跨境电子商务枢纽。

在中游城市打造若干加工贸易集聚区。在安徽、江西等与沪苏浙毗邻的省份，选择交通便利、要素成本较低、产业基础较好的三线城市，系统设计财税、金融、土地、劳工政策，从税收优惠、银行信贷、土地供给、职工住房等方面给予全方位支持，形成成本洼地，打造长三角劳动密集型加工贸易转移的集中承载地和集聚区，构建长三角提供研发、设计、品牌、营销等高增值服务，加工贸易集聚区从事零部件生产和加工组装的密切分工关系。

巩固提升“一带一路”建设战略支点。发挥重庆长江经济带西部中心枢纽作用，推进国际信息港和西部通信枢纽建设，增强对丝绸之路经济带的战略支撑。发挥成都战略支点作用，加快西部航空枢纽建设，打造国家战略资源开发基地和现代制造业基地，把四川培育成为连接丝绸之路经济带的重要纽带。加快连云港国家东中西区域合作示范区建设，拓展中哈连云港物流基地与中亚国家在铁路运输、物流仓储等方面的深度合作，提高连云港陆桥通道桥头堡水平。推进浙江海洋经济发展示范区和舟山群岛新区建设，将上海、宁波—舟山建设成为海上合作重要战略支点。

加快走出去开展国际产能合作。加强对企业走出去的引导，站在国家战略层面对不同类型产业的国际产能合作进行有重点的指导，将加工组装环节配置在国外，沿江企业专注于研发、设计、品牌、营销和供应链管理等高增值环节，构建沿江企业主导的价值链。对于纺织、服装等劳动密集型产业，可重点引导到人口多、成本低、市场潜力大的非洲国家；对于钢铁、有色、建材、汽车、通信、工程机械等重化工业，可重点引导到“一带一路”沿线有条件的国家和地区。

构建上中下游高水平联动开放机制。构建园区合作机制，在长江经济带开展“飞地经济”合作试点，鼓励沪苏浙到中上游地区共建产业园区，探索主体结构、开发建设、运营管理、利益分配等的新模式。探索建立长江经济带自贸试验区联动发展机制，时机成熟时推广至长江经济带的国家级新区、国家级开发区和边境经济合作区等其他特殊区域。构建航运合作机制，推动上海国际航运中心提质增效升级，强化宁波—舟山港域海上门户功能，通过共建共营共管港口基础设施等方式促进长三角与中上游地区港口联动和港航合作，为内陆货物走向国际市场提供通江达海便利。构建金融合作机制，提升上海国际金融中心对长江经济带的服务功能，在中上游建设国际金融后台服务中心，鼓励长三角金融机构到中上游中心城市开设分支机构，为中上游地区企业开展对外贸易和投资提供更加便利的融资、保险和人民币跨境结算等服务。在重庆、武汉等中上游中心城市复制推广上海陆家嘴金融区建设经验，打造区域性金融中心。

以干部交流为抓手破解思想观念和营商环境难题。开放战略确定以后，干部是关键。要增强中上游地区与长三角的干部交流力度，扩大交流规模、提升交流层次、增强交流系统性，将长三角懂开放、敢开放、会开放的干部选拔到中上游地区，特别是大胆选拔到说话管用、能干事的关键位置，充分发挥我们的体制优势，通过以上率下带动中上游地区干部队伍整体观念转变和营商环境改善。

（三）需要处理好的几对关系

既要深化向东开放，更要加快向西开放。向东出海，主要对象是美欧日韩等发达经济体，向东开放的实质就是深化与发达经济体的开放合作。

在新形势下，长江经济带向东开放的主要任务不再是简单地依靠传统优势招商引资和发展对外贸易，而是形成与国际投资、贸易通行规则相衔接的制度体系，打造国际化、法治化的营商环境，加快培育以技术、品牌、质量和服务为核心的竞争新优势，以开放促改革。向西出境，主要对象是东南亚、南亚、中亚等发展中国家，向西开放的实质就是加强与发展中国家的经贸往来。在新形势下，长江经济带向西开放的主要任务是充分发挥资金、市场、产业、资源等优势，加强与丝绸之路经济带的战略连接，加快向西国际大通道建设，扩大货物贸易和对外投资，以开放促发展。

既要提升长三角开放，更要深化中上游地区开放。要发挥长三角经济开放水平高、市场机制作用强、改革创新意识足的优势，深化自贸试验区改革，借鉴中国香港、新加坡、鹿特丹、迪拜等自由港建设经验，形成对标高标准投资贸易规则的制度体系，打造国际化法治化营商环境，为长三角深入发挥开放引领作用打下坚实基础。同时，要将扩大内陆沿边开放作为优化长江经济带区域开放布局的重点。一方面，中上游省市要继续追赶先进，深化与发达经济体以及长三角、珠三角等沿海地区合作，大力承接产业转移，吸引集聚资本、技术、人才等优质要素，实现高水平引进来。另一方面，要用好“一带一路”建设带来的历史机遇，面向东南亚、南亚、中亚发展中国家，用好西部陆海新通道，以工程机械、轨道交通、装备制造、电子信息等优势产业为基础，扩大出口和对外投资，实现高质量走出去，打造内陆沿边开放新高地。

既要做强大城市开放，更要通过涓滴效应逐步带动中小城市开放。欠发达地区要迈向高水平开放，必须集中资源让一两个城市先成为开放高地，尔后先进带动后进，才能实现协调开放、共同发展。未来一个时期，依然要将重庆、成都、武汉等中上游地区现有开放高地做强做优，以省会城市为重点打造一批贸易投资区域枢纽城市，形成若干开放型经济新增长极。经过5~10年发展到一定程度，大城市出现要素成本明显上升、资源环境容量收窄时，要及时推动产业、资本、技术等经济资源向邻近中小城市疏解，变虹吸效应为涓滴效应，带动中小城市融入国际产业分工、深入参与对外贸易、扩大利用外资规模，提高中小城市以开放促发展的能力。

既要支持特色开放，更要强化联动开放。在支持上中下游地区根据区位特点和要素禀赋探索差异化开放路径的同时，要增强开放的联动性，用好省际协商机制，探索部门对接落实机制，将长江经济带打造成为各地优势充分发挥、相互之间紧密协作的对外开放走廊。要鼓励长三角产业、资本、技术、管理等优质要素溯江而上，与中上游地区的劳动力、土地、资源优势紧密结合，在贸易、园区、航运、金融等领域构建高水平合作机制，为中上游地区更好地利用国际市场和资源提供支持。重庆、四川、云南等省市要成为中下游地区扩大向西陆路贸易的货物集散枢纽。特别是云南要建设成为面向南亚东南亚的辐射中心，提升长江经济带向南亚东南亚开放的通道和门户作用。

既要改善基础设施，更要深化体制机制改革。长江经济带对外开放是一项系统性工程，既要不断改善硬件设施，更要不断提升软件条件，为开放提供强大的基础设施、产业发展及体制机制支撑。一方面，要大力推动基础设施互联互通，推动综合保税区、边境经济合作区、边境旅游合作区等特殊区域发展，支持跨境经济合作区、境外经济贸易合作区和农业合作区建设。另一方面，要加快上海等自贸试验区制度创新经验的复制推广，深化长江大通关改革，加快电子口岸建设，深入推进国际贸易“单一窗口”建设。在有效防控风险前提下，扩大启运港退税的启运地、承运企业和运输工具等范围。着力推动区域合作机制建设，促进上中下游协同开放。

三、长江经济带对外开放规划统筹实施的重点任务

（一）对标国际上竞争力最强的自贸园区加快上海自贸试验区临港新片区建设

设立上海自贸试验区临港新片区是我国推动形成全面开放新格局的重大战略部署，是引领新一轮全球化的重要举措。根据党中央、国务院的要求，上海自贸试验区临港新片区要努力成为集聚海内外人才开展国际创新协同的重要基地、统筹发展在岸业务和离岸业务的重要枢纽、企业走出去发展壮大的重要跳板、更好利用两个市场两种资源的重要通道、参与国际经济治理的重要试验田，有针对性地进行体制机制创新，强化制度建设，

提高经济发展质量。

1. 充分发挥制度高地优势，增强开放型产业的国际竞争力

一是吸引高技术企业总部入驻临港片区，重点布局光刻机、光刻胶等半导体的“卡脖子”环节。新版《瓦森纳协定》增加了两条有关半导体领域的出口管制内容，高端半导体光刻机或被隐性限制。光刻胶是光刻工艺的关键材料，对光刻机要求较高。目前，高端光刻机技术仍然掌握在美日欧等少数发达国家手中。西方国家修订《瓦森纳协定》加大了我国相关产业向价值链高端攀升的难度。由于美国可能进一步将出口管制的技术含量比例从25%下调至10%，甚至直接采取BIS许可证制度，吸引相关美日欧企业总部入驻的难度较大，因此应以吸引我国企业为主。不仅要对相关企业提供土地、税收、人才、住房等保障，还应搭建产业合作平台，促进私人、初创企业与国有企业的合作，充分发挥私人、初创企业创新能力较强和国有企业的资金优势。吸引、培育相关企业总部入驻临港片区，奠定上海在我国乃至全球半导体产业链的“领头羊”地位。

二是吸引国际先进生物制药企业入驻。目前，我国在医疗器械、尖端药物方面距离美日欧仍有较大差距，长三角地区的生物制药企业在原材料、仿制药等方面具有显著优势，但创新能力距离全球顶尖水平仍有一定差距。新冠肺炎疫情表明医药研发能力对各国的重要性。2019年，日本武田制药将研发中心从新加坡迁入上海，充分证明了上海对国际顶级生物制药产业的吸引力。党中央、国务院、上海市委、市政府也多次将生物制药产业的发展摆到重要位置。应以日本武田制药入驻上海为契机，形成以商招商、以商促商的新格局，大力吸引各种所有制生物制药企业入驻临港片区，形成创新高地，带动长三角生物制造产业向高端迈进。

2. 塑造高水平营商环境建设，促进高端生产要素流入

一是进一步扩大外资市场准入。落实《外商直接投资负面清单》《上海市新一轮服务业扩大开放若干措施》《上海市人民政府关于本市进一步促进外商投资的若干意见》，放宽医疗、电信、保险、证券、科研和技术服务、教育、卫生、IT等领域的外资准入限制。二是落实事中事后监管机制。根据发达国家经验，企业设立、从事业务、项目投资建设等大多数环节都可以通过采取事中事后监管模式进行。如果监管政策透明度较高，完

全可以兼顾社会公共目标和企业效益最大化。

3. 提高通关便利化水平，多管齐下降低外贸企业成本

一是提高便利化水平。创新通关模式，最大限度地提高围网内商品的通关效率；推行担保通关，对信誉、盈利、内部控制制度满足相关指标的企业可提供担保通关服务；提升报关效率，积极推行电子报关、智能报关、信誉报关、自助报关和无纸化报关。二是降低外贸企业综合成本。降低人工成本，下调失业保险、养老保险、职业年金、医疗保险的缴费比例；创新土地供应模式，可采取租让结合、先租后让、柔性出让年限等方式，降低企业用地成本；深化财税体制改革，平衡间接税与直接税征收比例；降低退出成本，加快企业退出流程；降低沟通成本，优化外贸企业的行政许可和行政审批方式，发挥在线监管平台作用并着力推进网上审批。

4. 推动金融领域对外开放，加快科技金融发展

一是吸引国际、国内金融机构入驻临港片区，利用政策高地优势、区位优势和技术优势，鼓励相关企业创新跨境人民币业务，参与我国养老金投资等业务。二是大力发展科技金融产业。目前，人工智能快速发展，高频交易自动化、智能化趋势明显，对交易的实滞要求更高，上海企业由于靠近上证交易所，区位优势将日渐凸显。我国金融领域对外开放力度加强，上证指数在 MSCI 中的权重很有可能进一步上升，上海在全球金融市场的地位将进一步提升，应加紧吸引相应的金融科技公司入驻临港片区。三是形成引领“一带一路”建设的融资平台。长三角地区对外开放水平较高，企业对外投资和参与“一带一路”建设的意愿较强。加快建设长三角征信体系一体化建设，结合上海的金融产业聚集优势，做大做强以上海为中心的融资平台，引导长三角企业和私人、海外资本参与“一带一路”建设。

5. 创新境内外人才管理制度，增强对全球人才吸引力

为在新片区内企业内从事商务、交流、访问等经贸活动的人员提供更便利的签证和居留政策，包括简化签证办理流程、加快签证办理速度，适当延长签证年限等；推动中外职业资格互认，允许具有境外职业资格的金融、建筑、规划、设计等领域的人才在园区内就职；对聘用的境外高端、紧缺人才个人所得税税负差额部分给予补贴；跨国公司总部型机构高级管理人员聘雇的家政服务人员可以申请办理私人事务类居留证件；中高级管

理人员给予落户支持，购买限价商品房，并享受人才公寓、人才住房补贴、子女教育、医疗保障等优惠政策。

6. 吸引非营利性国际机构入驻，提高上海自贸区临港片区全球影响力

虽然多地出台了吸引国内外企业的政策，但忽视了其他一些非企业类机构，如国际知名仲裁组织的分支机构、专业机构总部等。上海的经济实力较强，对外知名度较高，与我国其他省市相比吸引国际机构入驻具有先天优势。应重点吸引国际知名知识产权仲裁机构入驻，解决我国缺乏有国际影响力的仲裁机构的问题，回应西方发达国家对我国知识产权政策不透明的指责。吸引国际知名主权债务仲裁机构，开展“一带一路”债务违约问题仲裁业务，回应国际对我国债务陷阱的质疑，为“一带一路”建设创造更友好的国际环境。

（二）深化长三角高水平制度型开放

长三角地区是我国经济发展最活跃、开放程度最高、创新能力最强的区域之一，在我国建设全方位开放格局中具有举足轻重的战略地位。深化长三角高水平制度型开放，对完善改革开放空间布局、引领示范高质量发展具有重要意义。

1. 合力共建具有国际影响力的对外开放平台集群

上海自由贸易试验区临港新片区通过建设以贸易投资自由化为核心的制度体系，力图建成国际领先的开放型产业体系，引领长三角制度型开放。江苏自贸试验区涵盖南京片区、苏州片区和连云港片区。其中，南京片区将建设具有国际竞争力的自主创新先导区、现代产业示范区，苏州片区将建设世界一流的高技术产业园，连云港片区将建成亚欧重要国际交通枢纽。浙江自贸试验区是我国唯一由陆地和海洋锚地组成的自由贸易试验区，重点开展以油品为核心的大宗商品中转、加工贸易、装备制造、国际海事服务、国际贸易等业务。上海自贸试验区临港新片区是长三角自由贸易平台集群的“领头雁”，应选择国家战略需要、国际市场需求大、对开放要求高但其他地区尚不具备实施条件的重点领域，实施具有较强国际市场竞争力的开放政策和制度，加大开放型经济的风险压力测试。江苏自贸试验区聚集高端产业、增强产业配套服务能力。通过自贸区集群，吸收全

球高端要素，引领建设创新能力更优、附加值更高、制造能力更强的产业链，提升产业链现代化水平。浙江自贸试验区应紧密围绕能源保障安全，推进以大宗商品贸易投资自由化，配合上海自贸试验区的金融业对外开放，增强我国大宗商品定价权。

在自由贸易试验区内，进行“零关税、零补贴、零壁垒”的“三零”试点。近年来，“三零”成为发达国家主导的贸易协定的新趋势。作为我国对外开放的政策高地和试验田，依托长三角地区深厚的产业基础，在自由贸易试验区内率先展开“三零”试验，观察相关政策对我国产业发展的影响，为我国下一步与发达国家谈判和推进 WTO 改革积累实践经验。安徽还没有自由贸易试验区，但应充分发挥区位优势，大力承接江浙沪地区加工贸易产业转移，提升经济发展质量。

2. 协同改善长三角地区营商环境

由于行政区划的限制，长三角地区内部营商环境建设存在较大差异，专项政策、资金支持只惠及本省企业，各省市之间政策衔接存在困难。因此，应从以下四点推进长三角地区营商环境建设。

一是整合有关营商环境的地方政策法规，加紧顶层设计，协调长三角区域内法制环境建设，确保地方性法规的统一并符合我国《外商投资法》，清理与国际通行规则与商业惯例不符的法规，设立跨区域巡回法庭，加快联合立法、执法创新。

二是共建营商环境功能性平台。建立国际人才服务平台，推动国际人才认定、服务部门信息互换互认，确保政策执行的一致性；建立知识产权保护平台，确权保护，信息共享，促进知识产权质押融资、知识产权证券化等；建立投资保护和诉求处理机制和服务平台；建立政务服务数据共享交换平台，包括电子印章和电子证照互通互认；建立创业孵化和科技成果转移转化服务平台；建立动产抵押登记平台，便利市场主体运用生产设备、原材料、产品等进行担保融资；发挥社会中介和行业协会的作用，为长三角企业开展国内外投资、开拓营销、了解市场信息提供帮助。

三是建立跨区域性营商环境指标体系。结合经济发展与产业分工现状，对标世界银行标准，制定营商环境指标体系和评价体系，建设协调的区域营商环境；建立数据共享体系，推进跨区域的“互联网 + 政务服务”

建设机制，为区域内企业自由流动创造便利化环境。

四是共享数据实现跨区域监管，共享征信系统信息，包括公共信息、金融信息、重点行业信息等，对食品安全、公共安全、环境安全、金融安全等领域实现跨区域监管；建立统一的“互联网＋监管”系统，实现监管事项全覆盖、监管过程全记录、监管风险可发现；协同处理投诉、数据共享过程中发现的问题，提高在长三角区域内的违法成本，杜绝由于“以邻为壑”造成的侥幸心理；建立区域性风险防范机制，实现早发现、早应对的防范和处理机制。

3. 探索建立对外开放省际合作机制

优质外商投资不仅可以增加 GDP、税收和就业，还可以通过“以商招商、以商促商”形成产业聚集。在推动高质量发展的背景下，各地引进附加值高、技术含量高外商投资的竞争更加激烈。区域竞争是我国改革开放以来经济快速发展的动力之一，但经济高质量发展对各区域间如何处理竞争和互补的关系提出了新要求。长三角地区作为全国经济最发达的地区之一，应率先形成对外开放的协同机制。一是跳出自身视角，从区域效益最大化的角度出发，着眼长期发展，将竞争与合作有机结合，进一步完善考核机制，协同发展的参与度、贡献度纳入长三角地区各地区考核和评价体系。二是实现要素的合理流动和优化配置，由于要素迁出地往往担心影响就业、税收和经济增长，而要素迁入地往往担心环境污染等原因，造成产业跨区域转移面临诸多困难，因此要建立税收共享机制，增加要素流动效率。

（三）深入推进云南面向南亚东南亚辐射中心建设

云南内部面临“三期叠加”，在全球经济增速放缓的国际背景下，建设南亚东南亚辐射中心面临新的机遇与挑战。由于全球化的发展，各国经济发展状况互相影响，在全球需求疲软的情况下，云南经济发展也面临外部的风险点。以农业、钢铁、有色、化工、建材等云南优势产业为抓手，深入推进面向南亚东南亚辐射中心建设，满足部分处于工业化和城镇化初级阶段发展中国家的需求，一方面优化了供给结构、提高了供给效率，另一方面增加外部需求，进一步做大全球化的蛋糕。《关于支持云南省加快建设面向南亚东南亚辐射中心的政策的政策措施》中，国家发展改革委支持云南省在农业、基础设施建设、区域能源合作、跨境物流等方面进行合作。

1. 积极开展种植业、畜牧业等领域的合作，重点布局标准化、规模化和生态化种植、养殖

云南可依托农田水利技术、机械化耕作技术、农产品深加工技术、农作物病虫害防治技术等领域的优势，与老挝、缅甸、越南等国家共同建立良种培育基地、优质农作物种植园和农产品深加工基地，解决境内企业原材料成本问题，提高当地农产品增值率，打造一批国际龙头企业，形成中国品牌、中国标准。以咖啡种植为例，云南在咖啡种植、深加工方面已经取得了一定的成就，形成了一批龙头企业，受制于高品质咖啡豆以及仍没有形成品牌效应等因素，云南咖啡种植、加工、销售总额比值仅为 1∶2∶1，不仅低于全球龙头企业的 1∶10∶100 的水平，也低于全球 1∶2∶7 的平均水平。在养殖技术方面，云南秸秆利用率、规模化养殖程度云南省均高于周边国家，可在瑞丽、腾冲、临沧等沿边地区以及东道国建立起空果串、纤维、废液等多种废弃物加工企业，一方面为境内集约化养殖企业提供饲料等原材料，另一方面推广标准化养殖流程与当地实际情况结合建立境外养殖基地。云南企业应该充分运用在种植、养殖、深加工技术方面的优势，通过在缅甸、老挝等欠发达国家建立种植园、产业园等方式，提升原材料产量和质量，并通过在边境地区及万象、西贡等港口地区建立加工基地和物流、销售中心，面向国内、东道国及全球市场，建立云南品牌效应。

2. 推动以有色金属为代表的能源资源产业合作，适当增加研发投入和生产服务业投入，延长产业链链条

云南有中国“有色王国”之称，在锌、锡、铜、锗等产业基础雄厚，以云南驰宏锌锗股份有限公司为代表的大型企业的竞争力和国际化程度不断提高，但原料自给率偏低、生产成本高已经成为制约有色金属产业持续发展的最大瓶颈，可通过并购、绿地投资等方式收购缅甸、老挝等资源丰富国家的矿山、冶炼企业。由于云南企业“走出去”的经验还不够丰富，可通过与当地龙头企业合资等方法解决本土化问题，规避经营风险，还可以通过“工程换资源”等多种方法降低生产成本。老挝地处中国三江成矿

带延伸部分，由于缺少资金，金、银、铜铁、钾盐、铝土、铅、锌等仍然有欠开发；缅甸缺乏地质通盘勘察能力，矿藏开发潜力巨大；越南已探明铁矿 13 亿吨，铜矿 1000 万吨，稀土 2200 万吨。云南企业应主动加大对东南亚国家矿产的勘察与开发力度，提高原料自给率，通过签订长期购销协议、控股或参股以及创办生产基地的方式，建立稳定的资源供给基地。在东道国基础条件较好的地区设立生产基地，大力吸引当地就业人口，降低总体成产成本。在云南企业总部应加大科技研发力度，加强二次资源、尾矿资源的综合回收利用，支持深部富矿、难采矿、低品位矿的开发利用，培育相关生产服务业，提高云南在供给端的掌控力。通过建立相应仓库以及科学的物流体系，将泛亚有色金属交易所做大做强，提高定价话语权。

3. 推动资本密集型产业合作，扩大工程机械的出口

目前来看，云南省并不具备建设工程机械海外生产基地的条件，但是部分企业可通过与三一重工等具有实力的企业抱团出海，为其提供配套服务。这一类国际产能合作对资金量需求较大，云南可设立专门的担保基金或牵头成立出口保险机构，满足有能力“走出去”企业的融资需求。

4. 打造保障和支撑体系，增强对南亚东南亚的辐射力

首先，全力打造高水平的金融服务支持体系，为提升云南省企业产业链的国际竞争力提供重要支撑。积极调整政策改革思路，为企业走出去融资提供便利，以根治“走出去”企业“融资难”的痼疾。目前，由于担心就业问题与资本外流，进行国际产能的企业尤其是私营企业在融资、换汇等过程中面临不同程度的问题。云南应该充分肯定国际产能合作的积极影响，与资本外逃向区别，彻底解决对外投资企业遇到的显性与隐形的障碍。创新融资模式，积极探索“项目融资”、“股权融资”和“债券融资”等新方式。可积极探索“项目融资”方式开展国际产能合作，适时引进财务投资者和战略投资者组成项目公司，切实提升企业整体融资能力，同时鼓励企业采用“股权融资”和“债券融资”等方式进行融资。设立专门机构多听取“走出去”企业和行业的意见和建议，为企业融资提供可行的解决方案。

其次，高度重视行业协会等中介机构的桥梁作用，着手建立包含信

息、标准、要素、人才、风险管控在内的综合类公共服务平台。一是加快构建起“政府—中介—企业”有机统一的服务支持体系，为企业走出去开展产能合作保驾护航。二是鼓励中介机构主动作为，加强与东道国中介服务机构沟通合作，深入开展形势分析、调查研究与数据挖掘，并应用微信、微博等信息平台和沟通渠道，及时向企业推送研究报告。同时，立足行业实际，广泛组织企业参与国际项目对接，合力推进东道国示范项目“落地生根”，全方位为企业走出去服务。三是优化“走出去”公共服务平台，在商务部“对外投资合作国别（地区）指南”的基础上，进一步细化国别贸易投资信息，尤其是周边国家的相关信息。

最后，加快培育国际产能合作高端人才，全面提升云南在全球范围配置资源要素的能力和水平。针对当前国际化人才严重匮乏的现实，应当通过专业培训、联合办学及实岗锻炼等多种方式，加快培养既懂国际市场、又懂国际法律的跨国经营管理人才和专业技术人才。同时，还应充分吸引重点国别的人才到云南进行培训，为云南企业进入当地市场后提供语言、法律等多方面的帮助。

（四）以成渝双城经济圈建设为契机大力培育内陆开放高地

将内陆建设成为改革开放的新高地，有助于提高我国全方位、全领域对外开放的深度和广度，推进我国建设更高水平开放型经济。当前我国正处于正处在转变发展方式、优化经济结构、转换增长动力的攻关期，需充分利用内陆地域纵深广阔、人力资源丰富、产业基础较好的优势，以成渝双城经济圈建设为契机，重点打造成渝城市群、长江中游城市群等区域，推动要素有序自由流动、资源高效配置、市场深度融合、产业集聚发展，让内陆腹地更好“动”起来、“活”起来、“热”起来，激发巨大的潜力与动能。

1. 推进产业提质增效，增强内陆开放型经济活力

一是深化与发达经济体以及长三角、珠三角等沿海地区合作，实现高水平“引进来”。大力承接产业转移，探索高质量承接境内外产业转移新模式，创新推动与沿海地区和美、欧、日等发达国家的产业链合作，吸引集聚资本、技术、人才等优质要素，打造产业转移示范区。短期内，要将

重庆、成都、武汉等中上游地区现有开放高地做强做优，以省会城市为重点打造若干开放型经济新增长极。从中长期看，随着大城市要素成本上升、资源环境容量收窄，要及时推动产业、资本、技术等资源向周边中小城市疏解，形成辐射带动作用，引领中小城市融入国际产业分工、深入参与对外贸易、扩大利用外资规模，促进中小城市实现以开放促发展。

二是培育对外贸易新模式，推动开放模式转型升级。促进加工贸易创新发展，加快发展一般贸易，加大对传统产业开放发展支持力度。加快培育跨境电商、市场采购、外贸综合服务等新业态新模式，支持引进国内外知名的跨境电商平台、供应链综合服务平台、第三方服务商等企业设立区域运营中心和物流分拨中心，形成外贸新增长点。大力实施扩大进口战略，促进引资引技引智紧密结合，扩大先进技术、关键设备和零部件、资源性产品进口，促进研发设计、供应链、物联网、人工智能等高端科技服务进口。探索实施科研及孵化前台在沿海和境外、生产及转化后台在内陆的“双飞地”发展模式，带动内陆地区产业跨越式发展。

三是推进国际产能合作，培育具有国际影响力的本土跨国企业。充分发挥“一带一路”带来的历史机遇，依托中国—东盟自由贸易试验区、中巴经济走廊和孟中印缅经济走廊等，以工程机械、轨道交通、装备制造、电子信息等优势产业为基础，扩大对东南亚、南亚、中亚等发展中国家的出口和投资。构建政府、国企、民企三方联动机制，鼓励企业“抱团出海”，实现高质量“走出去”。依托行业协会建立境外投资服务平台和信息化平台，及时发布境外国家和地区的外资政策、市场准入标准、经济行业动态等，提供境外市场调研、法律咨询、金融财务等服务，帮助内陆地区企业拓展国际市场。

四是改善内陆地区营商环境，积极吸引全球领先企业注资。以成都、重庆、武汉为代表的内陆地区第一梯队城市须对标国际高标准，深化营商环境改革攻坚，形成全球高端要素集聚能力。全面推进对外开放领域“最多跑一次”改革，加快建设具有国际先进水平的国际贸易“单一窗口”，整体通关时间向沿海发达地区看齐。全面实施外商投资准入前国民待遇加负面清单管理制度，大力推动投资贸易便利化自由化，深化现代农业、高新技术产业、现代服务业对外开放，引导外资更多投向航空、电子信息、装备制造、新能源、新材料、医疗、教育、旅游、文化等重点领域。

2. 构建立体化交通运输网络，拓宽开放通道

一是发挥共建“一带一路”的引领带动作用，加快建设内外通道和区域性枢纽。根据前瞻产业研究院数据，截至2018年底，全国共有59个城市开行中欧班列，运行线路达65条，主要集中在中西部地区，其中中欧班列（成都）连续三年稳居第一。2018年，成都、重庆、西安、郑州、武汉中欧班列开行量分别为1591、1442、1235、752、423列，占总量的85.5%。中上游内陆地区应积极发挥现有优势，合力打造“对欧贸易桥头堡”。加强国家层面的规划与调控，推动现有班列有序竞争；探索出口班列中途拼箱模式，鼓励长江经济带中上游内陆地区与新疆、甘肃等沿途地区建立合作机制，增强中欧班列的辐射带动作用；强化回程货物运输，支持内陆地区企业与欧洲中小企业建立稳定供货机制。成都、重庆、武汉等中上游内陆核心城市应发挥国际航空运输的优势，降低内陆地区的陆路运输成本，拓展航空贸易，打造国家级临空经济示范区。

二是构建空铁公水多式联运体系，完善基础设施网络。积极争取国家多式联运示范工程项目，加快发展各类多式联运，构建内陆地区与西部陆海新通道连接的桥梁，打造横跨亚欧大陆的供应链。依托湖北港、九江港、重庆港、泸州港等港口，整合利用沿江既有铁路资源，构建陆海联运、空铁联运、中欧班列等有机结合的联运服务模式；依托襄渝、湘黔等铁路干线，发展国际铁海联运、国际铁路联运；依托双流国际机场、天府国际机场、江北国际机场、天河国际机场等，发展陆空联运。拓展多式联运服务链条，积极发展跨区域、跨产业的集群式合作联盟，培育和拓展国内外市场网络。构建基于综合交通网络、多式联运体系和产业物流协同发展的供应链金融新体系，积极发展运单融资、商业保理、融资租赁等金融业态。

3. 加快开放平台建设，增强对扩大开放的支撑作用

一是对标沿海发达地区自贸试验区政策，加快内陆自贸试验区建设。复制推广深圳前海、上海临港等自贸试验区改革创新经验，将内陆自贸试验区打造成为内陆开放的“领头军”。以成渝双城经济圈建设为契机，支持川渝自贸试验区协同开放，建设自贸试验区协同开放示范区，并可将其

先行先试经验拓展至湖北，建立覆盖长江经济带重点枢纽城市的协同开放区。在自贸试验区建设基础上，以航空枢纽为平台，将成都、重庆、武汉等地打造为内陆贸易自由港，重点建设“空中丝绸之路”“陆上丝绸之路”“网上丝绸之路”。

二是扩大内陆地区口岸开放，推动内陆口岸升级提能。围绕泛欧泛亚的国际供应链需求，提升口岸协同能力、增强口岸服务功能，全方位降低口岸费用，提升口岸通关便利化水平。深化大数据等技术运用，争取国家支持加快建设内陆智慧口岸，推动港航等物流信息接入，整合生产、监测、航运、通关数据共享和业务协同，实现物流和监管等信息的全流程采集。

三是推动开放型平台建设向内陆地区倾斜，加快提升内陆地区对外开放水平。大力建设内陆开放试验区，鼓励中上游内陆城市培育自身优势，实现后发赶超，促进我国对外开放从东部沿海向中西部内陆延伸。推动自贸试验区、综合保税区、国家级进口贸易促进创新示范区等平台建设向内陆地区延伸，促进东中西部协调平衡发展。支持内陆地区构建数字化贸易平台，积极对接全球电子商务新模式新规则新标准，加强跨境电商国际合作，培育中国跨境电子商务综合试验区。

（五）加强上中下游协同开放体制机制建设

长江经济带已建立了“1+3+N”的区域合作机制总体框架，作为推进不同范围区域协同发展的机制。应在此框架中，提升对外开放协同的重要性，中央层面应加大对协同开放的统筹协调，长江经济带沿线11省市作为对外开放的协同主体，则应逐步推进多领域的开放合作。

1. 提升对外开放在区域合作机制中的重要性

总体框架中，“1”为长江经济带省际协商合作机制，“3”分别为长江上游省际协商合作机制、长江中游省际协商合作机制和长三角区域合作机制，“N”为长江经济带省市间、城市间的其他双边和多边区域合作机制。在本文第一部分的研究中已梳理了对外开放并不是各省市协同的主要内容，特别是长江上游和中游地区。因此，应首先提升对外开放在区域合作机制中的重要性，能够从顶层设计的层面，促进各省市积极参与对外开放的协同。同时，将对外开放与对外开放通道的基础设施建设、产业开放发展、开放平台等结合起来，更好地推进对外开放协同的具体事项。

2. 积极推进对外开放通道建设

对外开放通道建设已是部分长江经济带省市对外开放协同的重点内容，下一步应继续积极推进。统筹铁路、公路、水运、航空、管道建设，推动多式联运发展，建成长江经济带的现代立体综合交通运输体系，畅通长江经济带西向、南向的对外开放通道。加快推进中缅、中老泰、中越等国际运输通道建设，推进昆明至缅甸的铁路、公路和油气管道建设，及昆明至老挝、越南的铁路、公路建设，打造昆明—瑞丽、昆明—磨憨、昆明—河口并延伸至境外的对外开放走廊。改造提升澜沧江—湄公河国际航道，打通中缅陆水联运通道。推进区域性国际电力交换枢纽和国际信息港建设。加快渝昆铁路建设，推动成昆铁路、南昆铁路扩能改造，增强云南对外运输通道对重庆、四川、贵州等长江上游省市的辐射带动作用。依托覆盖长江经济带的综合立体交通走廊，提升长江中下游地区借道云南从印度洋出海能力。积极发挥中欧班列在对外通道建设中的重要作用，协调推进长江经济带对外开放与“一带一路”建设。

3. 提高口岸通关一体化便利化程度

继续强化长江经济带各省市间的大通关协作机制，加强电子口岸建设，整合归类口岸相关部门、各类企业等数据信息，实现监管信息系统和物流信息系统之间的数据交换共享，实现口岸管理相关部门信息互换、监管互认、执法互助。推动口岸城市群合作和口岸监管部门一体化改革，加快一体化和无纸化通关，建立长江物流一体化运营和信息平台。对标国际口岸先进水平，逐步实现对外贸易业务的全流程一体化。从口岸范围上，由长江水运口岸扩大到航空和陆路口岸，贸易载体由船舶出入境拓展到飞机、火车等出入境。从对外贸易环节上，推动从货物和船舶申报向贸易许可办理、外贸企业资质获取、原产地证办理、税费支付、结汇付汇、出口退税等对外贸易所有环节拓展。从对外贸易方式上，由一般贸易拓展到其他贸易方式。加大对长江中上游地区口岸基础设施建设的支持，提高通关效率，增强口岸功能。在有条件的地方增设铁路、内河港口一类开放口岸。设立新的航空口岸，加密既有航空口岸国际航线和航班。

4. 支持产业协同开放合作

坚持市场主导、政府推动、利益共享，引导长三角地区的相关优势产业和加工制造业环节向长江中上游地区有序转移，进一步优化完善产业链。搭建跨区域产业合作平台，探索共建产业园区，鼓励长江经济带各省市开发区、大型企业合作共建园区，支持有条件的长三角区域城市和企业在长江中上游地区设立“区中区”“园中园”，促进沿江产业合理布局和集群化发展。建设长江经济带国家级转型升级示范开发区，引进消化吸收国际高端技术产品，努力向长江中上游地区输出技术、资本、人才、信息和管理经验，促进产业有序转移和生产要素合理流动。加强现代农业、战略性新兴产业、现代服务业、文化旅游、科技教育等领域的合作，扩大合作发展空间，推动区域产业优势互补、分工协作，促进产业转型升级，优化沿江产业与城镇布局。

5. 引导自贸试验区合作发展

长江经济带沿线已经设立了上海、江苏、浙江、湖北、重庆、四川、云南 7 个自贸试验区，意味着我国 18 个自贸试验区中近一半分布在长江经济带沿线。自贸试验区作为长江经济带对外开放的重要载体和平台，协同发展有助于通过制度改革缩小上中下游对开外放的差距、提升长江经济带整体对外开放水平。应继续推进已有的自贸试验区合作，包括上海、浙江、湖北、重庆、四川等 11 个自由贸易试验区的《中国自由贸易试验区协同开放发展倡议》，重庆自贸试验区与四川自贸试验区川南临港片区的合作，上海、江苏和浙江发起的《上海江苏浙江自由贸易试验区联动发展战略合作框架协议》。进一步拓展和深化自贸试验区的合作领域，协同提升长江经济带的对外开放水平。

6. 促进其他开放平台的协同发展

其一，促进边境特殊区域建设。在具备条件的边境地区按程序设立综合保税区、边境经济合作区和边境旅游合作区，完善人员免签、旅游异地办证、落地签证等政策，积极推进跨境经济合作区建设。其二，整合优化沿江海关特殊监管区域。逐步将沿江各省市现有的出口加工区、保税物流园区、保税港区及符合条件的保税区整合升级为综合保税区。支持条件成熟的综合保税区适时拓展功能和范围，研究设立新的综合保税区。推动综合保税区业务向保税加工、保税物流、保税服务等多元方向发展。其三，加快境外特殊区域发展。以“一带一路”沿线国家为重点，建设境外经贸合作区和农业合作区。加大对“一带一路”沿线既有经贸合作区建设的支持力度，适时设立新的经贸合作区和农业合作区。加大政策性金融支持力度，鼓励商业银行与实体企业联合走出去，为境外园区建设提供融资支持。

（六）进一步推进国内区域合作

长江经济带发展作为新时期的国家区域发展战略，应积极与“一带一路”建设、京津冀协同发展、粤港澳大湾区建设、长三角一体化发展等战略形成协调发展的新局面，发挥各地区比较优势，促进各类要素合理流动和高效集聚，增强创新发展动力，加快构建高质量发展的动力系统，增强中心城市和城市群等经济发展优势区域的经济和人口承载能力，形成优势互补、高质量发展的区域经济布局。

1. 加强同国内重点区域合作，共同推动“一带一路”建设走深走实

“一带一路”建设拓展长江经济带的发展空间。“一带一路”建设将我国与世界更加紧密地联系在一起，极大地改变了长江上中下游地区在国内外的经济地理格局，使长江流域可以更好地发挥“两个市场、两种资源”的作用。一方面，下游地区面向太平洋连接欧美等发达国家和地区，给中上游地区建立了连接发达国家的桥梁。另一方面，中上游地区依托陆上丝绸之路和西部陆海新通道，面向东南亚、南亚等发展中国家和地区，拓展下游地区的市场空间。

长江经济带是“一带一路”建设的重要支撑和保障。长江经济带11省市人口和经济总量均超过全国的40%，为“一带一路”建设提供强大的国内市场和供需动力。长江经济带横跨我国东、中、西三大空间区域，推进沿海与内陆协调发展，实现东中西地区的产业互动合作，为“一带一路”开展更高层次、更大范围、更广领域的国家和地区合作提供发展基础和借鉴经验。

深化长江经济带与“一带一路”建设互动，拓展长江经济带对外开放发展新空间。一是加强与“一带一路”沿线重要城市衔接。以中老泰、中

越国际运输通道为支撑，以昆明为主要节点城市，向北延伸至贵阳、重庆、成都，打造中国—中南半岛经济走廊重要分支。与新亚欧大陆桥经济走廊及中国—中亚—西亚经济走廊有效连接，提升中欧班列国际运输能力，增强对中亚、欧洲等地区进出口货物的吸引能力。鼓励长江经济带各省市加强与二连浩特、满洲里、绥芬河等口岸的沟通和合作，通过西伯利亚大陆桥扩大向西开放，增强中蒙俄经济走廊对长江经济带的辐射作用。促进长三角地区积极参与中国—东盟港口城市合作网络，构建以长三角为起点、面向东南亚和南亚的海上战略通道。建立和完善长江中上游省市与福建、广东的水陆空运输通道，积极发展多式联运，融入海上丝绸之路建设。二是培育长江经济带沿线城市成为“一带一路”重要节点。发挥重庆长江经济带西部中心枢纽作用，推进国际信息港和西部通信枢纽建设；发挥成都战略支点作用，加快西部航空枢纽建设，打造国家战略资源开发基地和现代制造业基地；加快连云港国家东中西区域合作示范区建设，拓展中哈连云港物流基地与中亚国家在铁路运输、物流仓储等方面的深度合作；推进浙江海洋经济发展示范区和舟山群岛新区建设，将上海、宁波—舟山等重要港口建设成为海上合作的重要战略支点。

2. 积极对接其他区域发展战略，推动形成全面开放新格局

发挥东部地区的创新引领作用，引领长江经济带高质量发展。充分发挥北京、上海、广州、深圳等东部地区创新带动作用，重点加强原始性科技创新，抢占前沿科技制高点，真正提升“卡脖子”的关键核心技术自主化水平，推动核心产业融入国际产业链、价值链中高端，成为国家竞争力的重要保障，引领全国创新发展。长江经济带中上游地区要积极加强与京津冀、长三角、粤港澳等地区的创新合作，有序承接产业转移，形成差异化分工的产业链格局，推动东中西协同有效对外开放。

发挥中部地区的制造业优势，打造长江经济带中部地区成为实体经济发展新高地。中部地区是下一轮经济周期最具增长潜力的区域，具备相对坚实的制造业基础，要继续实施好中部崛起战略，推进长江中游城市群、中原城市群、关中城市群协调发展，进一步提升中部崛起战略定位。以国家制造业水平的整体提升为目标，推动长江中上游地区互动发展，高效配置不同比较优势区域的发展空间资源，进而辐射带动中部地区周边城市。

从财税、金融、产业等方面，长江中游城市可与周边城市共同出台具有突破性的重大政策组合，夯实中部地区作为国家制造业的中心地位，重点培育特色优势产业集群，形成具有竞争优势的制造业产业体系，建设以制造业为中心的实体经济发展新高地。

发挥西部地区的沿边特征，推进长江经济带向西开放。西部地区作为重要的商贸物流枢纽和交易中心，将是中国未来全面开放和经济发展的重要支撑区域。应发挥西部陆海新通道连接长江经济带的优势，建设铁海联运，实现铁路和港口无缝对接，全面提升长江经济带上游地区对外开放层级。在上游地区建设一批特殊经济区、国家承接产业转移示范区、沿边重点开发开放试验区、自主创新试验区、重点边境口岸，打造向西开放的桥头堡，并辐射带动长江中游地区发展外向型经济。

四、长江经济带对外开放规划统筹实施的保障措施

（一）争取编制实施长江经济带对外开放专项规划

我国改革开放 40 多年的实践证明，区域开放与区域发展直接相关，区域开放是促进区域发展的重要动力之一。开放程度高的区域，其发展水平一般都比较高。长江中上游地区发展相对滞后，既有历史条件、地域特点等方面的原因，也在很大程度上受开放水平不高、开放型经济新体制建设不到位等因素影响。对外开放是促进区域经济发展和区域协调发展的重要动力，因此长江经济带需要通过实现更高水平地对外开放，促进区域发展，并缩小当前中上游地区与下游地区的发展差距。以下分别从必要性、可行性和具体落实三个方面，说明如何争取编制实施长江经济带对外开放专项规划。

1. 编制对外开放专项规划，在长江经济带发展战略推进中将发挥重要作用

对外开放是长江经济带发展战略中的重要组成部分，对外开放专项规划有助于细化和落实《长江经济带发展规划纲要》中的相关要求。《长江经济带发展规划纲要》中提出构建长江经济带东西双向、海陆统筹的对外

开放新格局，包括的主要任务为发挥上海及长三角洲地区的引领作用、将云南建设成为面向南亚东南亚的辐射中心、加快内陆开放型经济高地建设等。其中，第一个任务的相关要求，已在《长江三角洲区域一体化发展规划纲要》中对外开放的有关内容中细化，且长三角一体化战略也是国家重大战略，但是将云南建设成为面向南亚东南亚辐射中心等重大任务，还未有国家层面的规划进行细化和推进。

对外开放专项规划有助于长江经济带发展的与时俱进。《长江经济带发展规划纲要》制定于2016年初，但此后国内外形势都发生了很大变化。国际方面，世界面临百年未有之大变局，美对华战略发生深刻调整，国际贸易投资保护主义、单边主义兴起，这些都使我国对外开放的环境发生了重大的变化。国内方面，其他国家重大战略相继提出，特别是长三角区域一体化发展，与长江经济带发展紧密相关。因此，专项规划的编制能够将这些新的背景充分考虑，不仅有助于长江经济带对外开放的与时俱进，也能促进长江经济带战略更好地推进。

2. 通过专项规划指导和推进长江经济带对外开放，是积极可行的方式

长江经济带对外开放专项规划属于经济发展战略性规划，规划的内容一般包括战略方向、目标、步骤和重点任务，是对未来一段时间战略推进的重大性全局性的谋划。因此，通过专项规划能够更具系统性前瞻性地布局长江经济带的对外开放，更加积极地推进长江经济带的对外开放。同时，专项规划的编制过程，能够通过系统深入地研究长江经济带对外开放中存在的问题和挑战，为长江经济带对外开放战略提供更扎实的支撑。《中共中央国务院关于新时代加快完善社会主义市场经济体制的意见》中提出"完善国家重大发展战略和中长期经济社会发展规划制度"，国家重大发展战略规划也可能会如中长期经济社会发展规划一样，在战略总体规划之下，选择生态环保、产业发展、对外开放等重点领域编制专项规划。因此，长江经济带对外开放专项规划编制，也符合国家完善战略规划制度的方向。

规划编制流程（见表5－19）大体包括：成立规划研究课题组、对相关数据资料进行搜集和分析，进行实地调研、听取专家意见、征求部门意见、规划审批等环节。可见在整个流程中，整合学术研究、政策研究、政

策协调等多个方面，参与部门和相关方众多，能够集合各方意见，深入论证、凝聚共识。因此，专项规划不仅是在审批通过后指导长江经济带对外开放发展的推进，在编制过程中就已进行了一轮战略思想准备和政策支持准备，为规划的实施奠定良好的基础。

表 5－19　　长江经济带对外开放专项规划编制流程及各方分工

阶段	主要工作	参与方及主要职责	成果
前期准备	• 规划编制启动 • 制订规划编制方案并分工 • 成立规划起草小组 • 进行规划编制相关重大课题研究 • 上报和初选规划项目 • 开展实地调研	【牵头单位】组织开展前期准备工作。 【参与部委】参与前期准备和调研，对涉及自身职责范围的规划内容设立重大课题进行研究。 商务部可对长江经济带贸易高质量发展、高水平利用外资、自贸试验区协同发展等问题进行专题研究。 工信部可对长江经济带产业开放发展等问题进行专题研究。 交通运输部可对长江经济带对外开放通道建设等问题进行专题研究。 科技部可对长江经济带国际科技合作、高端人才吸引和集聚等问题进行专题研究。 海关总署可对长江经济带通关一体化、便利化等问题进行专题研究。 其他领导小组成员单位根据职能分工，确定研究课题。 【11 省市】参与前期准备，配合实地调研。研究提出本地扩大对外开放的总体思路、主要任务和重大项目等。	• 规划基本思路 • 规划相关重大课题研究成果 • 初步形成重大项目表
编制起草	• 确定规划大纲 • 形成规划初稿 • 确定规划中的目标指标 • 开展培训	【牵头单位】组织开展编制起草工作，开展专题培训。 【参与部委】参与编制起草工作，可派专员参与规划起草小组或者参与内部专题讨论。 【11 省市】参与编制起草工作，可派专员参与规划起草小组，参加专题培训。	• 规划提纲 • 规划初稿 • 重大项目表
衔接论证	• 征求规划相关部委及地方意见 • 开专家会听取专家意见 • 视情况向公众征求意见	【牵头单位】组织开展衔接论证工作。 【参与部委】参与衔接论证工作，研究提出对初稿的修改意见和建议。 【11 省市】参与衔接论证工作，研究提出对初稿的修改意见和建议。	• 形成规划送审稿（含项目表）

续表

阶段	主要工作	参与方及主要职责	成果
发布实施	• 报党中央、国务院审批后发布 • 各省市编制实施方案 • 相关部委出台支持政策 • 若向公众公开发布，进行规划宣传引导	【牵头单位】组织规划的发布、实施及监督评估等。 【参与部委】在本部门职责范围内，出台相关政策支持长江经济带对外开放专项规划的落实。 【11 省市】出台本省市落实长江经济带对外开放专项规划的方案。	• 形成发布稿，项目表可酌情一同公开发布或内部掌握
【牵头单位】推动长江经济带发展领导小组办公室 【参与部委】以推动长江经济带发展领导小组成员单位（发展改革委、工信部、商务部、生态环保部、交通运输部、科技部、海关总署等）为主 【11 省市】上海市、江苏省、浙江省、安徽省、江西省、湖北省、湖南省、重庆市、四川省、贵州省、云南省			

资料来源：课题组整理。

3. 宜由长江经济带发展领导小组办公室牵头，编制对外开放专项规划

推动长江经济带发展领导小组，统一指导和统筹协调长江经济带发展战略实施，协调跨地区跨部门重大事项，督促检查重要工作的落实情况。推动长江经济带发展领导小组办公室设在国家发展改革委。2014 年底启动的《长江经济带发展规划纲要》研究编制工作，就是由推动长江经济带发展领导小组办公室牵头，会同有关部门和沿江 11 省市推进。长江经济带 11 省市也分别设立了推动长江经济带发展领导小组，分别为上海市推动长江经济带发展领导小组、江苏省推动长江经济带发展领导小组、浙江省推动长江经济带发展领导小组、安徽省推动长江经济带发展领导小组、江西省参与“一带一路”建设和推动长江经济带发展领导小组、湖北省推动长江经济带发展领导小组、湖南省推动长江经济带发展领导小组、重庆市推动“一带一路”和长江经济带发展领导小组、四川省推动长江经济带发展领导小组、贵州省推动长江经济带发展领导小组，其组长均为省委常委或直辖市市委常委，各省市也将办公室设于省市发展改革委。

因此，长江经济带对外开放专项规划也宜由长江经济带发展领导小组

办公室牵头，会同长江经济带 11 省市进行编制研究工作，由各省市长江经济带发展领导小组办公室具体配合。长江经济带发展领导小组和各省市的长江经济带发展领导小组中，除发展改革部门负责人外，还包括商务部门、工信部门、交通部门、生态环保部门、口岸、海关等，能够很好地实现跨部门的协调和配合。其中，商务部门、海关、口岸、交通运输等部门，应是配合长江经济带对外开放专项规划编制的主要成员。

（二）科学划分中央与地方职责

统筹推进长江经济带对外开放，须坚持中央统筹和地方负责相结合的原则，加强 11 省市之间的协同发展，努力将长江经济带打造成为有机融合的发展高地。

1. 当前长江经济带发展战略的实施架构

从国家顶层设计看，中央设立推动长江经济带发展领导小组，统一指导和统筹协调长江经济带发展战略实施，协调跨地区跨部门重大事项，督促检查重要工作的落实情况。2014 年 9 月，国务院印发《关于依托黄金水道推动长江经济带发展的指导意见》，并在 12 月中央经济工作会议上将长江经济带作为三大战略之一正式提出。同年，中共中央成立推动长江经济带发展领导小组，由时任中共中央政治局常委、国务院副总理张高丽担任组长①，马凯、韩正担任副组长，办公室设在国家发展和改革委员会；办公室会同有关部门和沿江 11 省市，启动《长江经济带发展规划纲要》研究编制工作。

2016 年 1 月，习近平总书记在重庆主持召开推动长江经济带发展座谈会，听取了 11 省市党委主要负责同志和国务院有关部门负责同志的意见和建议。习近平总书记强调，推动长江经济带发展必须从中华民族长远利益考虑，走生态优先、绿色发展之路，把修复长江生态环境摆在压倒性位置，共抓大保护、不搞大开发。3 月，中共中央政治局召开会议，审议通过《长江经济带发展规划纲要》，并于 6 月正式印发。《长江经济带发展规划纲要》提出，建设长江经济带东西双向、陆海双向开放新走廊，形成

① 现任组长为中共中央政治局常委、国务院副总理韩正。

全方位开放新格局；深化向东开放，加快向西开放，统筹沿海内陆开放，扩大沿边开放；更好推动“引进来”“走出去”相结合，更好地利用国际国内两个市场、两种资源，构建开放型经济新体制。12 月，推动长江经济带发展领导小组办公室会议暨省际协商合作机制第一次会议在北京召开。会议审议了有关推动长江经济带发展的政策性文件，长江上游重庆、四川、云南、贵州四省市签署了《长江上游地区省际协商合作机制协议》，中游湖北、江西、湖南三省签署了《长江中游地区省际协商合作机制协议和长江中游湖泊保护与生态修复联合宣言》，标志着长江经济带省际协商合作机制全面建立。当月，推动长江经济带发展领导小组办公室与最高人民法院在北京签署《关于建立推动长江经济带发展司法合作协同机制的合作框架协议》。根据签署的合作框架协议内容，领导小组办公室和最高人民法院将按照保护母亲河的总体要求，创新方式、拓宽渠道，积极开展长江经济带司法合作；最高人民法院加强涉长江经济带资源保护刑事案件的审判，依法惩治涉及违法排污、河道非法采砂、滥伐盗伐林木等违法犯罪行为，以及环境监管失职犯罪、造成环境污染严重后果的重大安全责任事故犯罪；加强调查研究，促进法律适用的规范和裁判尺度的统一，针对性地解决推动长江经济带发展过程中出现的涉及司法的新情况、新问题；加强法院联动，强化区域内地方法院之间、海事法院之间、地方法院和海事法院之间的工作协调。

2017 年 12 月，推动长江经济带发展领导小组办公室会议暨省际协商合作机制第二次会议在北京召开。沿江 11 省市分管副秘书长、发展改革委负责同志，领导小组办公室成员单位联络员以及三峡集团、节能环保集团、国家开发银行、国家开发投资公司负责同志参加会议。会议要求，要坚持共商共建，充分发挥省际协商合作机制作用，着重在“共”字上做文章，重点抓好环境保护联防联控、基础设施互联互通、市场一体化建设、公共服务共建共享等工作；领导小组办公室要加强统筹协调，与沿江省市和有关部门密切配合，加快形成推动长江经济带发展的强大合力。

2018 年 4 月，习近平总书记在武汉主持召开深入推动长江经济带发展座谈会并发表重要讲话，围绕新形势下推动长江经济带发展作出重大战略部署，明确提出以长江经济带发展推动经济高质量发展。5 月，推动长江经济带发展领导小组组长韩正在北京主持召开推动长江经济带发展领导小组会议，会议审议有关文件，明确目标、分解任务，部署下一阶段重点工作。11 月，推动长江经济带发展领导小组办公室、生态环境部在四川省成都市联合召开长江经济带水环境质量监测预警现场会。会议听取了长江经济带水环境综合治理和污染联防联控相关工作进展情况的汇报，解读了《长江流域水环境质量监测预警办法（试行）》，通报了长江流域水环境质量预警试评价结果，交流了有关省市水环境综合治理经验和做法。12 月，韩正在北京主持召开推动长江经济带发展领导小组会议，全面贯彻落实习近平总书记在深入推动长江经济带发展座谈会上的重要讲话精神，坚持问题导向，推动长江经济带共抓大保护取得新进展（见表 5－20、表 5－21）。

表 5－20　　国家层面关于长江经济带发展的重要部署

会议		时间	重要精神
一、习近平总书记主持召开座谈会	在重庆主持召开推动长江经济带发展座谈会	2016 年 1 月 5 日	习近平强调，长江和长江经济带的地位和作用，说明推动长江经济带发展必须坚持生态优先、绿色发展的战略定位，这不仅是对自然规律的尊重，也是对经济规律、社会规律的尊重。当前和今后相当长一个时期，要把修复长江生态环境摆在压倒性位置，共抓大保护，不搞大开发。 习近平指出，推动长江经济带发展必须建立统筹协调、规划引领、市场运作的领导体制和工作机制。
	在武汉主持召开深入推动长江经济带发展座谈会	2018 年 4 月 26 日	习近平强调，新形势下推动长江经济带发展，关键是要正确把握整体推进和重点突破、生态环境保护和经济发展、总体谋划和久久为功、破除旧动能和培育新动能、自身发展和协同发展的关系，坚持新发展理念，坚持稳中求进工作总基调，坚持共抓大保护、不搞大开发，加强改革创新、战略统筹、规划引导，以长江经济带发展推动经济高质量发展。
	在南京主持召开全面推动长江经济带发展座谈会	2020 年 11 月 14 日	习近平指出，推动长江经济带发展是党中央作出的重大决策，是关系国家发展全局的重大战略。长江经济带覆盖沿江 11 省市，横跨我国东中西三大板块，人口规模和经济总量占据全国“半壁江山”，生态地位突出，发展潜力巨大，应该在践行新发展理念、构建新发展格局、推动高质量发展中发挥重要作用。 习近平强调，要加强生态环境系统保护修复；要推进畅通国内大循环；要构筑高水平对外开放新高地；要加快产业基础高级化、产业链现代化；要保护传承弘扬长江文化。

续表

会议		时间	重要精神
二、推动长江经济带发展领导小组办公室会议暨省际协商合作机制会议	第一次会议	2016 年 12 月 1 日	会议强调，重点抓好四方面工作： 一是贯彻落实习近平总书记重要讲话精神，共抓大保护、不搞大开发，在思想上形成一条心，在行动上要形成一盘棋，坚持生态优先、绿色发展，进一步增强长江经济带发展的统筹度和整体性、协调性、可持续性；二是抓紧制订配套实施方案，全面贯彻实施《规划纲要》，编制生态环保、林业、旅游等专项规划，尽早形成有机衔接的长江经济带发展规划体系；三是找准重点突破口，加快推进实施生态环境保护、综合交通建设、产业优化升级等“三大工程”；四是积极探索创新，抓紧建立健全负面清单管理制度、长江流域管理体制、长江生态保护法律制度等“三项制度”。
	第二次会议	2017 年 12 月 13 日	会议强调，重点抓好四方面工作： 一是以持续改善长江水质为核心，加快推进水污染治理、水生态修复和水资源保护“三水共治”，切实保护和改善水环境，全面遏制、根本扭转生态环境恶化趋势；二是以推进集装箱江海联运为重点，形成与江海联运相适应的港口、集疏运、航运、船舶、通关等一体化系统，带动构建综合立体交通体系；三是以供给侧结构性改革为主线，推动经济发展质量变革、效率变革、动力变革，着力加快建设实体经济、科技创新、现代金融、人力资源协同发展的产业体系；四是构建“共抓大保护”长效机制，加快推进生态环境保护制度建设，选择有条件的地区开展绿色发展试点示范，充分调动各方面积极性形成共抓大保护合力。
三、推动长江经济带发展领导小组会议	韩正主持召开	2018 年 5 月 17 日	会议强调，要从整体上加强长江流域污染防治，摸清资源环境承载能力本底情况，周密制订行动方案，建立负面清单管理制度；要以持续改善长江水质为中心，扎实推进水污染治理、水生态修复、水资源保护“三水共治”；要以推动航道区段标准统一、船舶标准统一、港口码头管理统一、通关管理统一为重点打造黄金水道，发展铁水、公水、空铁等多式联运，加快构建综合立体交通走廊；要扎实推进供给侧结构性改革，积极推动发展动力转换，加快建设现代化经济体系。
	韩正主持召开	2018 年 12 月 14 日	会议强调，长江经济带共抓大保护一定要坚持问题导向，在发现问题、解决问题中把工作不断推向前进；要远近结合、突出重点，切实抓好违法违规问题和群众反映强烈问题的整改；要切实解决违法成本低、惩罚不到位的问题，严肃追究违法企业法人责任，坚决查处一些地方监管不力甚至纵容包庇、利益勾连的问题；要加快建立长江经济带共抓大保护工作新机制，落实主体责任，加强督办落实，促进公众参与，形成共抓大保护的强大合力。

续表

会议		时间	重要精神
四、推动长江经济带发展领导小组办公室会议	第一次会议	2018 年 5 月 25 日	会议明确五项任务：一是加强水污染治理，推动实施沿江城镇污水垃圾、化工污染、船舶污染、农业面源污染以及尾矿库治理“4＋1”工程，加快实现水污染治理全覆盖；二是加强水生态修复，把实施重大生态修复工程作为长江经济带发展优先选项，实施两岸绿化行动和水生生物多样性保护工程，加快推进岸线保护和修复；三是加强水资源保护，以确保人民群众饮水安全为重中之重，加强饮用水水源地保护，强化长江流域水资源联合调度；四是着力推动黄金水道提质增效，以疏解三峡枢纽瓶颈为重点，加快推进三峡枢纽水运新通道研究论证，加快发展多式联运，加快完善综合交通网络；五是创新区域协同发展体制机制，加快流域管理体制改革研究，制定沿江岸线、河段、区域、产业负面清单，开展生态产品价值实现机制试点和绿色发展示范，加快长江保护法立法进程。
	第二次会议	2018 年 9 月 18 日	会议明确四项任务：一是要在深入学习贯彻习近平总书记重要讲话精神、切实增强思想行动自觉上下功夫，真正做到常学常新、常用常新，切实把思想认识和行动高度统一到习近平总书记重要讲话精神上来；二是要在聚焦难点突破重点、咬定目标狠抓落实上下功夫，牢牢抓住长江生态环境保护修复这一重点任务，坚决打好长江保护修复攻坚战；加快构建综合立体交通走廊，着力提升黄金水道整体效能；强化创新驱动，加快新动能培育；建立健全体制机制，形成共抓大保护强大合力；三是要在加强统筹协调督查问责、确保各项任务落地见效上下功夫，确保党中央决策和推动长江经济带发展各项任务能落地、可操作、见实效；四是要在提前认真谋划明年工作要点和下一步长江经济带发展重点工作上下功夫，充分利用好今年剩余的 3 个多月时间，倒排工期、细化措施、攻坚克难，保质保量完成今年各项任务，同时把明年工作要点和下一步工作重点研究好、谋划好。
	第三次会议	2019 年 1 月 10 日	会议明确三项任务：一是要提高政治站位、深化思想认识，切实增强做好推动长江经济带发展工作的使命感和紧迫感；二是要坚持问题导向、系统施策发力，扎实推进长江经济带高质量发展；三是要明确职责任务、狠抓贯彻落实，力求 2019 年工作再上新台阶。

续表

会议		时间	重要精神
四、推动长江经济带发展领导小组办公室会议	第四次会议	2019 年 11 月 22 日	会议审议《2020 年推动长江经济带发展工作要点》，研究下一步工作部署。会议要求，一要下大力气抓好生态环境突出问题整改，紧盯问题清单，分类施策、对症下药，举一反三、深度自查，确保所有问题按期整改到位；二要扎实推进“4＋1”工程，在沿江城镇污水垃圾处理、化工污染治理、农业面源污染治理、船舶污染治理和尾矿库污染治理方面狠下功夫，夯实生态环境保护修复治本基础；三要加快综合交通运输体系建设，推动黄金水道提质增效，加快沿江高铁建设，大力发展多式联运；四要强化创新转型绿色发展，扎实做好试点示范，加快新旧动能转换，推进新型城镇化和全方位对外开放；五要健全共抓大保护体制机制，加强综合管控，强化监测预警，深化省际协商合作，完善司法保障，推进生态环境协同治理。
	第五次会议	2020 年 12 月 16 日	会议明确四项任务：一要以突出问题整改为重要抓手推动长江大保护，紧盯生态环境警示片披露问题，强化追根溯源、系统治理，做到举一反三、彻底整改，推动建立长效机制；二要持续加强生态环境系统保护修复，深入实施污染治理“4＋1”工程，加强长江入河排污口整治，强化“三磷”污染治理，加大小水电清理整改力度，持续巩固长江流域禁捕退捕成效；三要大力推动绿色高质量发展，加快推进综合交通运输一体化发展，培育具有国际竞争力的战略性新兴产业集群和先进制造业集群，统筹推进长江经济带沿海、沿江与内陆开放，深入推进绿色发展试点示范和生态产品价值实现机制试点；四要完善共抓大保护体制机制，推动长江保护法立法工作，完善负面清单管理制度体系，加强行政执法与刑事、公益诉讼司法衔接，加快建立覆盖长江经济带全流域的生态补偿机制。

资料来源：根据相关新闻资料整理。

表 5－21　　国家层面关于长江经济带发展的政策文件

相关部门	时间	政策文件
国务院	2014 年 9 月 12 日	《关于依托黄金水道推动长江经济带发展的指导意见》
国家发展改革委 林业局	2016 年 2 月 24 日	《关于加强长江经济带造林绿化的指导意见》
国家发展改革委 科技部 工业和信息化部	2016 年 3 月 2 日	《长江经济带创新驱动产业转型升级方案》

续表

相关部门	时间	政策文件
工业和信息化部 国家发展改革委 科技部 财政部 环境保护部	2017 年 6 月 30 日	《关于加强长江经济带工业绿色发展的指导意见》
交通运输部	2017 年 8 月 4 日	《关于推进长江经济带绿色航运发展的指导意见》
最高人民法院	2017 年 12 月 1 日	《关于全面加强长江流域生态文明建设与绿色发展司法保障的意见》
财政部	2018 年 2 月 13 日	《关于建立健全长江经济带生态补偿与保护长效机制的指导意见》
国家发展改革委 水利部 自然资源部 国家林草局	2018 年 9 月 25 日	《关于加快推进长江两岸造林绿化的指导意见》
国家发展改革委 生态环境部 农业农村部 住房城乡建设部 水利部	2018 年 10 月 26 日	《关于加快推进长江经济带农业面源污染治理的指导意见》
生态环境部 国家发展改革委	2018 年 12 月 31 日	《长江保护修复攻坚战行动计划》
交通运输部 国家发展改革委 生态环境部 住房城乡建设部	2020 年 1 月 17 日	《长江经济带船舶和港口污染突出问题整治方案》
国家发展改革委	2020 年 3 月 31 日	《长江干线过江通道布局规划（2020～2035 年）》
国家发展改革委 财政部 住房城乡建设部 生态环境部 水利部	2020 年 4 月 7 日	《关于完善长江经济带污水处理收费机制有关政策的指导意见》

资料来源：根据相关政策文件整理。

从地方顶层设计看，为加快推进中央顶层设计在长江经济带精准落地，沿江 11 省市相继成立推动长江经济带发展领导小组，全方位、多层级推进长江经济带构建开放合作新格局（见表 5 - 22）。此外，上中下游地区还分别建立省际协商合作机制，推进长江经济带协调统筹发展。

表 5 - 22　　地方层面关于长江经济带发展的政策文件

省市	时间	政策文件
上海	2015 年 7 月 28 日	《上海市人民政府关于贯彻〈国务院关于依托黄金水道推动长江经济带发展的指导意见〉的实施意见》
浙江	2016 年 9 月 29 日	《浙江省参与长江经济带建设实施方案（2016 ~ 2018 年）》
安徽	2015 年 4 月 13 日	《安徽省人民政府关于贯彻国家依托黄金水道推动长江经济带发展战略的实施意见》
江西	2015 年 4 月 24 日	《江西省人民政府贯彻国务院关于依托黄金水道推动长江经济带发展指导意见的实施意见》
湖北	2015 年 5 月 29 日	《湖北省人民政府关于国家长江经济带发展战略的实施意见》
湖南	2015 年 5 月 8 日	《湖南省人民政府关于依托黄金水道推动长江经济带发展的实施意见》
重庆	2018 年 3 月 26 日	《重庆市人民政府关于深入推动长江经济带发展的意见》
四川	2014 年 11 月 11 日	《四川省人民政府贯彻国务院关于依托黄金水道推动长江经济带发展指导意见的实施意见》

资料来源：吴传清、黄磊、万庆等：《黄金水道——长江经济带》，重庆大学出版社 2019 年版。

2. 完善长江经济带对外开放推进实施机制的原则

推进建设长江经济带全方位、多层次对外开放新格局，中央要强化顶层设计，探索体制机制改革，激发地方活力，促进各地协同发展。中央政府和地方政府要紧握开放的大方向，清醒认识长江经济带对外开放面临的困难与挑战，优化中央和地方的配合，充分发挥各地优势，全面推进长江经济带对外开放建设。

一是正确把握整体推进和重点突破的关系。构建长江经济带全方位对外开放新格局，重点在向西开放，难点在内陆沿边开放。要坚持整体推进，紧紧把握开放的大方向，增强中央和地方措施的关联性和耦合性，防止地方单兵突进。要坚持重点突破，在整体推进的基础上抓主要矛盾和矛盾的主要方面，努力做到全局和局部相配套、治本和治标相结合、渐进和突破相衔接，加大中央对中西部地区和内陆地区的政策支持，适当向地方下放权力，实现中央整体推进和地方重点突破相统一。

二是正确把握自身发展和协同发展的关系。长江经济带作为流域经济，横跨东中西 11 个省市，涉及水、路、港、岸、产、城等多个方面。中央要运用系统论的方法，为长江经济带的发展谋篇布局，明确沿江各省市的开放方向，努力将长江经济带打造成为有机融合的开放高效经济体。沿江各省市要正确把握自身发展和协同发展的关系，从整体出发，制订具有自身比较优势的开放方案，共同推进各省市错位发展、协调发展、有机融合，形成整体开放合力。

三是正确把握总体谋划和久久为功的关系。推动长江经济带对外开放是一个系统工程，要做好顶层设计，以钉钉子精神，脚踏实地抓成效。中央要结合实施情况及国内外发展环境新变化，按照新形势新要求调整完善对外开放的规划路线图。地方要对实现中央规划的开放目标制定明确的时间表、路线图，稳扎稳打，分步推进。

3. 规划统筹长江经济带对外开放的任务

优化长江经济带对外开放格局，中央和地方均要紧紧围绕双向开放和协同开放的总体思路，提升长三角地区的开放引领作用，将云南建成面向南亚、东南亚的辐射中心，增强内陆开放经济高地的腹地支撑作用，紧密连接“一带一路”建设，以对外贸易优进优出、加工贸易梯度转移、服务贸易加快发展、对外投资稳中有进、国际合作有序推进为主要内容，充分发挥各地优势，全面建设长江经济带高水平对外开放。

中央政府要加强顶层设计，推进沿江区域发展协调有效（见表 5 - 23）。一方面，要统筹中上游地区和下游地区发展。推动下游发达地区改革创新、新旧动能转换和区域一体化发展，支持中上游条件较好地区加快发展，鼓励国家级新区、自由贸易试验区、国家级开发区等各类平台大胆创新，在推动区域高质量发展方面发挥引领作用。建立健全长效普惠性的扶持机制和精准有效的差别化支持机制，加快补齐中上游地区在基础设施、产业发展、营商环境等领域的短板，推进中西部地区对外开放。以承接产业转移示范区、跨省合作园区等为平台，支持发达地区与欠发达地区共建产业合作基地和资源深加工基地。建立上中下游地区区域联动机制，促进沿江省市共同发展。另一方面，要推动国家重大区域战略融合发展。推动“一带一路”建设、京津冀协同发展、长江经济带发展、粤港澳大湾区建设等重大战略协调对接，促进西部、东北、中部、东部四大板块相互融通补充。依托“一带一路”建设，助推长江经济带沿海、内陆、沿边地区协同开放，以国际经济合作走廊为主骨架加强重大基础设施互联互通，构建统筹国内国际、协调东中西地区的全面开放新格局。

表5－23　落实长江经济带对外开放职责划分

主体	职责
中央	• 各部委出台保障政策，推动实施《长江经济带对外开放规划》 • 合理科学配置公共资源，强化各部委及地方政府的组织协调 • 定期监督和检查长江经济带对外开放工作落实情况 • 跟踪分析规划实施情况，组织开展规划实施评估
地方	• 落实《长江经济带对外开放规划》任务分工 • 定期向长江经济带发展领导小组办公室反馈规划的落实进展和实施效果 • 对本区域相关部门落实执行情况进行年度考核和评估

资料来源：笔者整理。

地方政府要发挥自身优势，推进对外开放建设提质增效（见表5－23）。明确地方政府的实施主体责任，充分调动地方按照区域协调发展新机制推动本地区协调发展的主动性和积极性。上海、江苏、浙江等长三角地区省市要率先培育以技术、品牌、质量为核心的外贸竞争优势，提高金融、医疗、教育、文化等服务业利用外资的规模，为长江经济带扩大对外开放积极探索新路径；应加快培育对标国际标准的跨国公司，鼓励与中上游地区企业联合“走出去”开展跨境投资，提升长江经济带对外投资能力。云南应充分利用沿边区位优势，形成与周边国家多层次合作机制，建立西部省份“走出去”的先行区；应加快云南沿边金融综合改革试验区建设，完善跨境金融基础设施，为长江经济带各省市与东南亚、南亚国家进行人民币贸易投资提供高质量金融服务。江西应充分发挥内陆开放型经济试验区的政策优势，主动融入共建“一带一路”，积极对接粤港澳大湾区建设、长三角一体化发展，以体制机制改革为重点，挖掘区域合作潜力，推动资源要素自由高效流动，打造成为内陆开放新高地。

（三）争取在立法和出台政策措施中予以完善

当前，长江经济带区域协调机制相对零散，整个流域的区域协调机制仍是空白，上游、中游、下游建立了各自的协调机制，但实质性成果不足，不利于推动长江经济带全方位对外开放。长江经济带覆盖区域之广决定了其推进区域协同发展必须拥有更完善、更有效的顶层设计，以及强有力的推行和监督机制。以法治和政策措施的保障为支撑，将有效推进长江经济带建设对外开放新格局。

1. 建议协调财政事权、保护生态环境等需要中央政府统筹协调的事项，采取中央层面的法治保障

事关多级政府统筹协调的事项，可由国务院或国家各部委发布指导意见。就协调中央与长江经济带沿线省市财政事权而言，可根据《国务院关于推进中央与地方财政事权和支出责任划分改革的指导意见》执行。坚持以“适宜由中央承担的财政事权执行权要上划，加强中央的财政事权执行能力；适宜由地方承担的财政事权决策权要下放，减少中央部门代地方决策事项”为原则，将国界河湖治理、全国性大通道、全国性战略性自然资源使用和保护等基本公共服务确定或上划为中央的财政事权，将市政交通、农村公路、城乡社区事务等受益范围地域性强、信息较为复杂且主要与当地居民密切相关的基本公共服务确定为地方的财政事权。通过有效授权，合理确定地方财政事权，使基本公共服务受益范围与政府管辖区域保持一致，激励地方各级政府主动作为。就整个长江经济带的区域协调机制而言，目前仍以中央设立的推动长江经济带发展领导小组为主，未来可以国家发改委为牵头部门，制定《关于建立长江经济带区域协调发展机制的指导意见》，建立整个长江经济带的区域协调发展机制。

事关国家安全等重大利益事项，可由全国人民代表大会制定和修改相关法律。长江经济带生态保护事关国家生态安全，是全国人民的共同利

益，可积极推进《长江保护法》及时出台。立法过程须遵循《中华人民共和国立法法》规定，坚持立法公开的原则，统筹安排征求意见、立法听证、联组审议、立法评估等程序。坚持维护法制的统一与尊严，统筹协调现行有效的地方性法规、规章、自治条例、单行条例等，认真处理上、下位法之间有依据、不相抵触、可变通的复杂关系。此外，鉴于《长江保护法》属于国家级跨行政区划统筹自然资源保护的特别法，法律授权的行政主体既不能是部委、省区政府，也不能是传统的协调机构，而应当是被特别赋予法律职权的有权机构，诸如建立长江保护委员会。有权机构作为《长江保护法》的第一责任主体，须执行法定的行政立法职权，负责制定实施办法和实施细则等。因此，一旦上升至法律层面，相关的权利和义务必须遵守，责无旁贷。

2. 建议区域协调发展机制等需要地方政府协商合作的事项，采取地方层面的法治和政策保障措施

《中共中央、国务院关于建立更加有效的区域协调发展新机制的意见》明确强化地方主体责任，共同推动建立更加有效的区域协调发展新机制，为实施区域协调发展战略提供强有力的保障。2016 年第一次省际协商合作机制会议以来，长江下游四省市形成“三级运作、统分结合、务实高效”的区域合作协调机制，中游三省签署《关于建立长江中游地区省际协商合作机制的协议》，上游四省市签署《关于建立长江上游地区省际协商合作机制的协议》，推动长江经济带发展形成了多层次的协商合作机制架构。在长三角一体化上升为国家战略后，上海、江苏、浙江、安徽四省市的人大常委会分别通过各自的《关于支持和保障长三角地区更高质量一体化发展的决定》，首次实现一个区域内各省级人大同步做出支持和保障国家战略发展的决定，对于完善长江经济带省际协调发展具有示范引领意义。

建议沿江各省市借鉴下游地区的做法，依托法治的力量，并配套有关部门出台的政策措施和指导意见，保障长江经济带各区域协调发展。上游地区可以建设成渝地区双城经济圈为契机，优先打造《关于支持和保障成渝地区双城经济圈协同开放的决定》（以下简称《决定》），并经由各自人大常委会审议。若该《决定》行之有效，可将其推广至云南、贵州两省，共同支持和保障上游地区打造对外开放高地。中游地区可以江西建设内陆

开放型经济试验区为契机，尝试将中游地区打造内陆开放高地上升为各省的重大事项决定。加强推进长江经济带沿江各省市规划对接，协同优化区域经济社会发展格局，构建长江经济带全方位对外开放的新蓝图。

基于上面的分析和论述，我们对长江经济带对外开放重点任务实施分工（具体见表5－24）、落实长江经济带对外开放重点任务的保障体系（具体见表5－25）进行了整理和概括，清晰地对相关内容进行展现。

表5－24　　长江经济带对外开放重点任务实施分工

<table>
<tr><th>重点任务</th><th colspan="2">主要工作</th><th>参与方（排序第一为牵头单位）</th></tr>
<tr><td rowspan="8">对标国际上竞争力最强的自贸园区，加快上海自贸试验区临港新片区建设</td><td rowspan="2">增强开放型产业的国际竞争力</td><td>支持战略性新兴产业发展</td><td>新片区管委会、市发改委、市商务委、市科技委、市税务局、市财务局、上海海关、国家外汇管理局上海市分局、市市场监管局</td></tr>
<tr><td>支持总部经济发展</td><td>新片区管委会、市发改委、市商务委、市税务局、市财务局、上海海关、国家外汇管理局上海市分局、市市场监管局</td></tr>
<tr><td rowspan="2">塑造高水平营商环境</td><td>扩大外资市场准入</td><td>新片区管委会、市发改委、市经信委、市商务委、市税务局、市财务局、上海海关、人民银行上海市分行、国家外汇管理局上海市分局</td></tr>
<tr><td>落实事中事后监管机制</td><td>新片区管委会、市商务委、市市场监督局、市发改委</td></tr>
<tr><td colspan="2">提高通关便利化水平</td><td>新片区管委会、上海海关、市商务委、市发改委</td></tr>
<tr><td colspan="2">推进金融领域对外开放</td><td>新片区管委会、市财政局、市商务委、人民银行上海分行、市银保监局、市证监局、国家外汇管理局上海市分局</td></tr>
<tr><td colspan="2">创新境内外人才管理制度</td><td>新片区管委会、市人社局、市科技委、市移民局、市卫健委、市教委</td></tr>
<tr><td colspan="2">吸引非营利性国际机构入驻</td><td>新片区管委会、市发改委、市商务委、市税务局、市财务局、国家外汇管理局上海市分局</td></tr>
<tr><td rowspan="3">深化长三角高水平制度型开放，进一步发挥引领带动作用</td><td colspan="2">合力共建具有国际影响力的对外开放平台集群</td><td>国家发改委、各有关自贸试验区管委会、各有关部门</td></tr>
<tr><td colspan="2">协同改善长三角地区营商环境</td><td>国家发改委、商务部、各有关部门、各省级人民政府</td></tr>
<tr><td colspan="2">探索建立对外开放省际合作机制</td><td>国家发改委、各省级人民政府、各省级有关部门</td></tr>
</table>

续表

重点任务	主要工作		参与方（排序第一为牵头单位）
深入推进云南面向南亚东南亚辐射中心建设	积极开展种植业、畜牧业等领域的合作		省农业厅、省自然资源厅、省发改委、省商务厅、省科技厅、省粮食局
	推动以有色金属为代表的能源资源产业合作		省自然资源厅、省发改委、省商务厅、省生态环境厅
	推动资本密集型产业合作		省商务厅、省发改委、云南海关
	打造对外开放保障和支撑体系		省发改委、省商务厅、省财务厅、省税务总局、人民银行云南分行、省银保监局、省证监局、国家外汇管理局云南省分局、省人社厅、省教育厅
以成渝双城经济圈建设为契机，大力培育内陆开放战略高地	推进产业提质增效	深化与发达经济体以及长三角、珠三角等沿海地区产业合作	工作小组/联席会议、各商务厅、各经信厅、各商务委
		培育对外贸易新模式	工作小组/联席会议、各商务厅、各经信厅、各科技厅、各海关、各税务总局
		推动国际产能合作	工作小组/联席会议、各发改委、各商务厅、各经信厅、各科技厅、各海关、各财政厅、各税务总局、国家外汇管理局各分局
		改善营商环境	工作小组/联席会议、各发改委、各商务厅、各经信厅、各商务委、各科技厅、各海关、各财政厅、各税务总局、国家外汇管理局各分局
	构建立体化交通运输网络		交通运输部、各省级交通运输厅
	加快开放平台建设	加快内陆自贸试验区建设	国家发改委、商务部、各自贸试验区管委会、各省级有关部门
		扩大内陆地区口岸开放	海关总署、各省级海关总署、各省级有关部门
		推动开放型平台建设向内陆地区倾斜	国家发改委、各省级有关部门
加强上中下游协同开放体制机制建设	积极推进对外开放通道建设		国家交通运输部、国家海关总署、其他有关部门
	提高口岸通关一体化便利化程度		国家海关总署、商务部、交通运输部、其他有关部门
	支持产业协同开放合作		国家发改委、商务部、科技部、农业部、人社部、其他有关部门

续表

重点任务	主要工作	参与方（排序第一为牵头单位）
加强上中下游协同开放体制机制建设	引导自贸试验区合作发展	国家发改委、各省级人民政府、各有关自贸试验区管委会
	促进多类型开放平台的协同发展	国家发改委、商务部、科技部、海关总署、其他有关部门
进一步推进国内区域合作	共同推动“一带一路”建设走深走实	国家发改委、商务部、海关总署、科技部、交通运输部、其他有关部门
	加强区域发展战略协同发展	国家发改委、商务部、财政部、国家税务总局、科技部、交通运输部、中国人民银行、其他有关部门

资料来源：课题组整理。

表 5－25　　落实长江经济带对外开放重点任务的保障体系

重点任务	主要工作		中央		地方	
			法治保障	实施方案	法治保障	实施方案
对标国际上竞争力最强的自贸园区，加快上海自贸试验区临港新片区建设	增强开放型产业的国际竞争力	支持战略性新兴产业发展				√
		支持总部经济发展				√
	塑造高水平营商环境	扩大外资市场准入				√
		落实事中事后监管机制				√
	提高通关便利化水平					√
	推进金融领域对外开放					√
	创新境内外人才管理制度					√
	吸引非营利性国际机构入驻					√
深化长三角高水平制度型开放，进一步发挥引领带动作用	合力共建具有国际影响力的对外开放平台集群					√
	协同改善长三角地区营商环境					√
	探索建立对外开放省际合作机制			√		
深入推进云南面向南亚东南亚辐射中心建设	积极开展种植业、畜牧业等领域的合作					√
	推动以有色金属为代表的能源资源产业合作					√
	推动资本密集型产业合作					√
	打造对外开放保障和支撑体系		√		√	

续表

重点任务	主要工作		中央		地方	
			法治保障	实施方案	法治保障	实施方案
以成渝双城经济圈建设为契机，大力培育内陆开放战略高地	推进产业提质增效	深化与发达经济体以及长三角、珠三角等沿海地区产业合作				√
		培育对外贸易新模式				√
		推动国际产能合作				√
		改善营商环境				√
	构建立体化交通运输网络			√		
	加快开放平台建设	加快内陆自贸试验区建设		√		
		扩大内陆地区口岸开放		√		
		推动开放型平台建设向内陆地区倾斜		√		
加强上中下游协同开放体制机制建设	积极推进对外开放通道建设			√		
	提高口岸通关一体化便利化程度			√		
	支持产业协同开放合作			√		
	引导自贸试验区合作发展			√		
	促进多类型开放平台的协同发展			√		
进一步推进国内区域合作	共同推动“一带一路”建设走深走实			√		
	加强区域发展战略协同发展		√			

注：地方法治保障指地方性法规，如出台相关条例作为保障措施；实施方案包括但不限于中央和地方各级人民政府及有关部门出台的实施方案、指导意见、政策措施等有关文件。

资料来源：笔者整理。